歴史文化ライブラリー
93

# 天才たちの宇宙像

桜井邦朋

吉川弘文館

原則として、初版で掲載した口絵は割愛しております。

目次

# 古代と現代の宇宙像――プロローグ



## 古代文明と天文学

ヒト科ヒト（ホモ・サピエンス）に分類される人類の祖先が、この地球上に現れてから五〇〇万年ほどすでに経過している。この長い時間の大部分を、人類の祖先は生存競争に明け暮れながらすごしたにちがいない。地球上のいくつかの地域で生き残ることのできた人類の祖先は、いまから一万年ほど前に、私たちが文明とよぶ生活様式を発明し、その発展のなかで、他の生物たちに対し優位に立つようになった。もしかしたら、この発明は最後の氷河時代を生き抜く知恵だったのかもしれない。

この氷河時代の末期の一万年ほど前に、人類は文明への道をたどり、中東からアフリカにわたる地域に最古の文明を花開かせた。古代エジプトや古代バビロニアに残された遺跡のなかには、古代人がもっていた天文学的な知識についての証拠がみつかっている。太陽や月、あるいは惑星などの運行を観測することによって、循環する時間に関するアイデアを彼らはすでに持っていた。当時描かれていた宇宙像は大地を中心としたもので、現代に生きる私たちのものとは大きく異なる。

## 本書の視角

この本でこれから語られるのは、このような古い時代の宇宙像ではなく、近代的な意味での天文学が誕生したのちに建設された宇宙像と、それがどのように変遷してきたかについてである。宇宙像の建設が、宇宙研究にかかわった天才たちとどのようにかかわってきたかについて、歴史的な視点から語られることになる。

二〇世紀になって、物理学とよばれる学問は、一九世紀に達成されていたものと完全に異なる自然観を打ち立てた。量子力学と相対論の二つが現代物理学の主柱となっているが、この二つの成立により宇宙探究の様相も一変した。素粒子とよばれる物質の究極構造が、観測によって現在明らかにされつつある宇宙の大構造の形成に、因果的にかかわっていることが明らかにされている。極微と極大の両世界が、現代の宇宙像の建設に、ともに大きな役割を果たしつつある。現在も宇宙の誕生と進化に関する研究は、ダイナミックにすすめられている。

さあ、これから現代の宇宙像が、幾多の天才たちによる研究を通じて、どのように形成されていったのかについて、眺めていくことにしよう。

# 宇宙像の変貌にかかわった天才たち

# 思弁的宇宙観から実証的宇宙観へ

### 現代宇宙像の二つの柱

現代の宇宙像は、現代物理学が明らかにした物質の究極構造を基礎に置いている。現在でも、この究極構造については完全に正しく理解されているとはいえない状況にあるので、私たちがいまもっている宇宙像も、完全なものとは考えられていない。だがそうはいうものの、現在では大筋については宇宙の探究が正道を歩んでいるものと考えられている。

現代物理学は、ミクロな世界の研究を可能とする量子力学とよばれる学問と、重力の作用が重要となる世界をあつかう一般相対論の二つを基本的な柱としている。これら二つの柱ができてはじめて、宇宙の成り立ちや進化にかかわる研究が可能となった。宇宙の誕生は物質の誕生にも因果的にかかわっているので、物質の究極構造についての理解が、宇宙の誕生と進化にかかわる宇宙論の研究に本質的な役割を果たす。

**二〇世紀以前の宇宙探究の意味**

現代物理学は地球上でのみ成り立つ学問なのではなく、遠い宇宙の果てで起こっている物理現象の研究にも正しく適用できることが、現在明らかにされている。このことは、宇宙の探究が現代物理学を駆使しておこなえることを意味している。

一九世紀までの宇宙像をふり返ってみたとき、現代物理学が二〇世紀に入って成立する以前の宇宙の探究は、現代的な視点からみたとき、すでに忘却の彼方へ移行してしまったといってよかろうが、それなしには現代の宇宙像もありえないわけである。こんなわけで、宇宙像の形成について歴史的にみておくことは大切なことであろう。

**古代ギリシャの自然観**

現代生活にあっても、太陽が東の空から昇ってくるといったり、西の空に沈むというふうにいわれている。大地が傾いていくのだとは誰も考えないし、そのように実感できるわけでもない。地球が自転していることなど、日常の経験からはまず全然わからない。

私たちにとっては、現在でも大地は不動だといってよい存在である。いまから二〇〇〇

プ　ラ　ト　ン (BC427-347)

古代ギリシャの哲学者．アテネ出身．アカデメイアの創設により，人々の教育にあたる．師ソクラテスの業績を多くの対話篇により後世に伝えた．真理に対するプラトン的世界を構築．現代にまで影響が及んでいる．

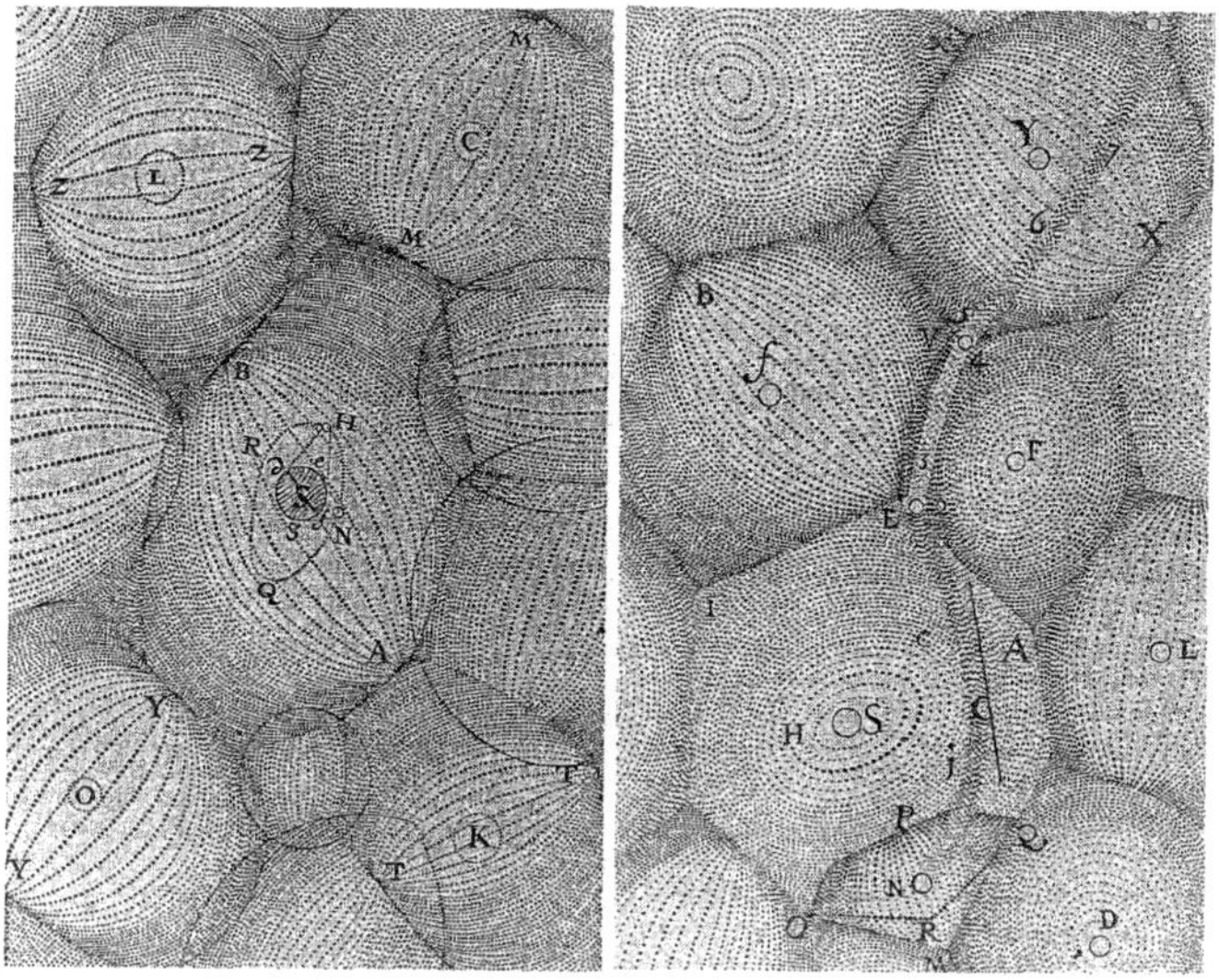

デカルトの渦動宇宙

年以上も昔の古代ギリシャの時代には、地球が自転していることなど想像すらできなかった。人が棲息しうる領域ですら、ヨーロッパの地中海世界とその周辺のごく一部にかぎられていると想像されていた。地球が球体であることがわかっていても、人の住める地域が地球全体におよぶと考えられることはなかった。

　古代ギリシャに生きた人びとには、重力の存在など知られていなかったから、物体の自然落下のような現象についても、下降運動を生じる目的が想定された。自然現象にはこのような目的となる原因、つまり目的因がともなっていた。こうした目的因が不必要な概念となるのは、一七世紀はじめにガリレオやデカルトなどにより、運動についての実証的な研究がすすんでからのことである。

しかしながら、デカルトにあっては、運動の原因とされる力の伝達には、それを可能にする何らかの運動が存在していなければならなかった。彼はこの運動を渦動運動の一種であると想定した。惑星の運動は、このような運動による力の媒介を通じて起こるとされたのであった。ケプラーも似たアイデアをもっており、この力として当時注目されるようになっていた磁力を想定した。

ガリレオは、物体の落下運動や振り子の運動などについて実証的な研究を、実際のまた思考上の実験にもとづいておこなった。また、研究の結果を数式による表現によって記述することも試みている。自然現象が、数学のことばで描かれるといったのは彼であった。そこでは、デカルトのような力を媒介する何らかの運動が表からみえることがない。こうした運動は、ガリレオの場合不要であった。

## アリストテレスとプトレマイオス

古代ギリシャの時代から、近代のはじまりを告げる一七世紀のはじめにまでわたって、宇宙の構造は思弁的に形成されたものであった。アリストテレスによって地球が中心に位置する宇宙像が提案されたが、球が最も完全な形のものと考えられたがために、地球も完全な球体とされたし、太陽や月、また惑星たちも球とされたし、これら天体の軌道も球面上に想定された。この球面に、これらの天体がひとつずつ張りつけられて、それぞれが天球として、容れ子型に形成されているとされた。

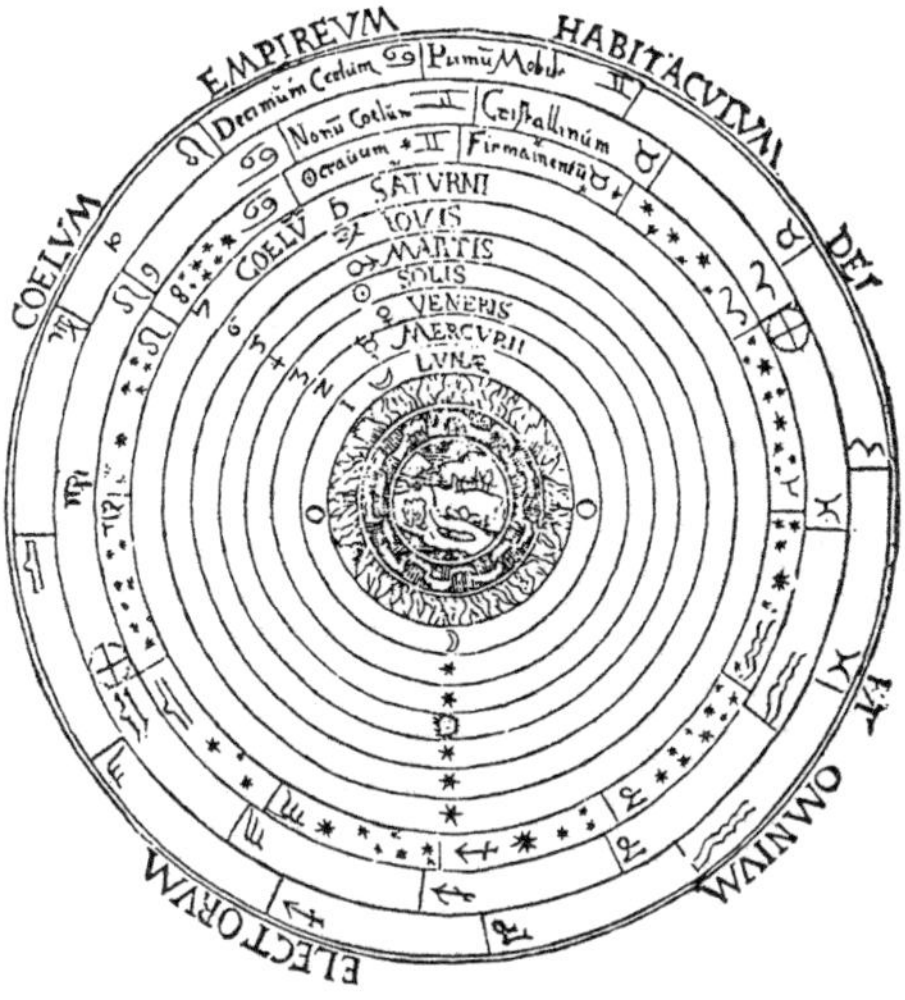


アリストテレス・プトレマイオスの宇宙像

惑星たちに想定された天球の回転だけでは、惑星たちについて観測された運動が説明できないので、天球上にさらに小さな球面（周転円という）をいくつか想定して観測に合わせるように試みられた。ヘレニズムの時代に古代エジプトのアレクサンドリアに住んだプトレマイオスの宇宙像は、こうした天球と周転円の複雑な組み合わせからなり、最外層にくる天球に星々が散りばめられていた。

アリストテレスとプトレマイオスによ

プトレマイオス（不詳〔140頃〕）

天文学史上，大きな影響力をもった『アルマゲスト』を出版．アリストテレス・プトレマイオスの宇宙像，いわゆる天動説を集大成．占星術書である『テトラビブロス』も出版．

って導かれた宇宙像では、星々を散りばめた天球の内部に世界が閉じこめられていて、その中心に地球があった。この閉じた宇宙像は、宇宙の中心に地球を置いたものであった。

**ガリレオと近代科学**

この閉じた宇宙像は、ガリレオが自作の望遠鏡を用いて天の川や星々の世界を観測したことから崩れ去った。天の川が星々が集まって形成されたものであることや、星々が太陽と同等の天体であることが明らかにされた。これらの発見により宇宙が広大なものであることが明らかとなり、無限の彼方に開いた宇宙像がここに誕生したのであった。この宇宙像は観測事実にもとづいたもので、ガリレオによって近代的な宇宙観が確立されたのである。ガリレオが近代科学の方法を築きあげたのだといわれるのは、実験的方法を科学の研究に積極的に利用したことにあるが、その結果として、現代につながる実証的な宇宙研究の方法をも確立したことは注目すべきである。

**コペルニクスとケプラー**

ガリレオに半世紀以上先行して、コペルニクスは一五四三年に『天球の回転について』を著わし、地球が惑星のひとつであり、太陽系の中心に太陽がくることを提唱した。当時の宇宙像は、太陽系の惑星たちが形成する天球を中心としたものであった。太陽が星の仲間の天体であるという認識は、コペルニクスにはなかった。

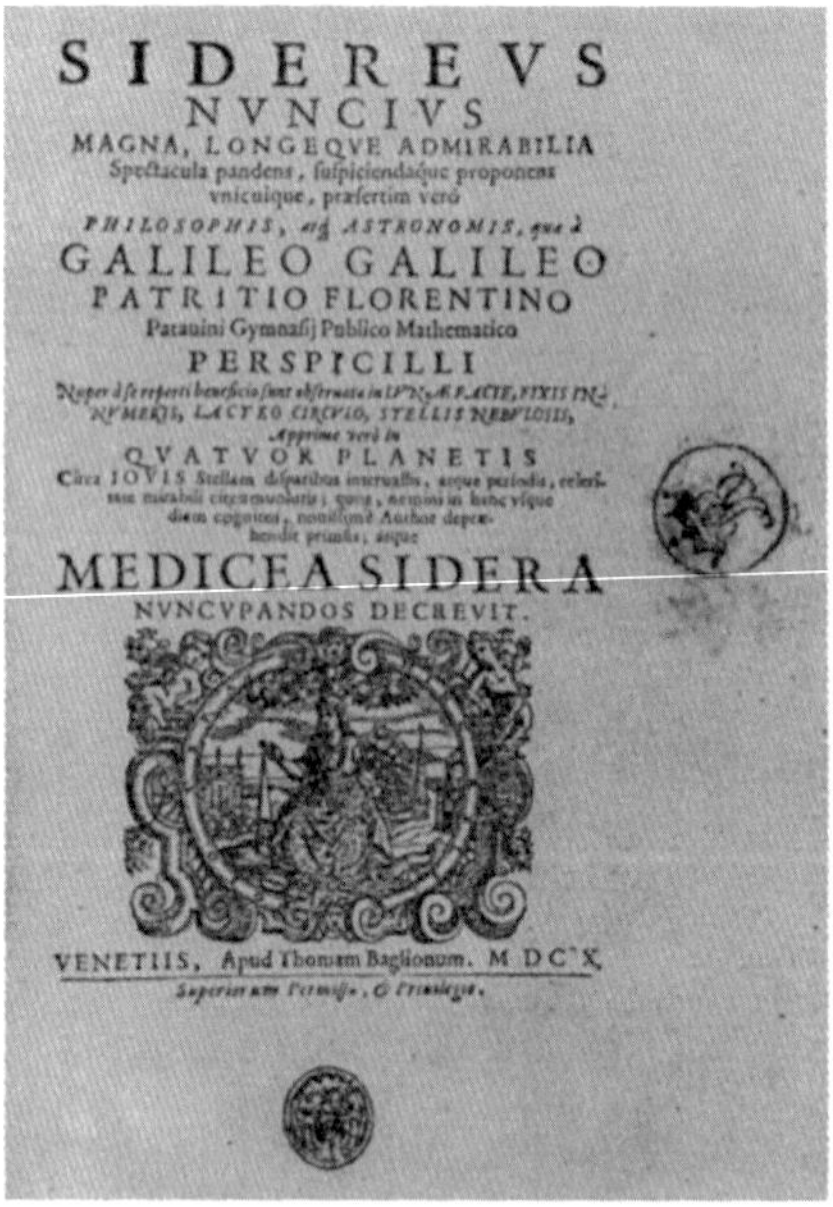


ガリレオ『星界の使者』表紙

ガリレオは、木星の四つの衛星の公転運動の観測や、金星の満ち欠けの観測により、コペルニクスのいわゆる太陽中心説を擁護するようになったが、太陽系の諸惑星が公転運動において示す規則性は、同時代人であったケプラーによって発見された。この発見に、チコ・ブラーエが観測によって収集した火星の天球上の移動に関する膨大なデータが本質的な役割を果たしている。

ガリレオやケプラーが活躍した一七世紀前半にあっては、宇宙の中心に太陽があるものと想定されていた。実証的な宇宙観が確立されてきたといっても、当時は太陽中心説に立ったものであった。太陽が天の川銀河の片隅の存在であるのは、じつは二〇世紀に入ってから明らかになるのであって、現代的な宇宙像は、ごく新しく建設されたものなのである。

多くの天才たちが宇宙像の形成に寄与しているが、現在の私たちがもつ宇宙像は、二〇世紀に入って現代物理学が誕生して以後にもたらされたものなのである。宇宙論とよばれる宇宙の誕生と進化を研究する学問は、こんなわけできわめて現代的なものなのだといってよいであろう。

# 天才の世紀——力学的宇宙像の成立

## ケプラーの三法則とニュートン

「ケプラーの三法則」として知られる、惑星の公転運動における基本的な規則をケプラーが発見した経緯は、宇宙の調和に関する彼の神学的な思いこみにかかわっていた。太陽と惑星とのあいだに働く力の本質については、彼にはわからなかったし、惑星の公転運動がなぜ円からはずれて楕円となるのかもわからなかった。

この力の本質を明らかにし、惑星の公転運動がケプラーが発見したように楕円となることを証明したのは、ニュートンであった。彼が発見した万有引力の法則と、力と運動とのあいだに成り立つ法則、いわゆるニュートンの三法則は、惑星の公転運動に関するケプラ

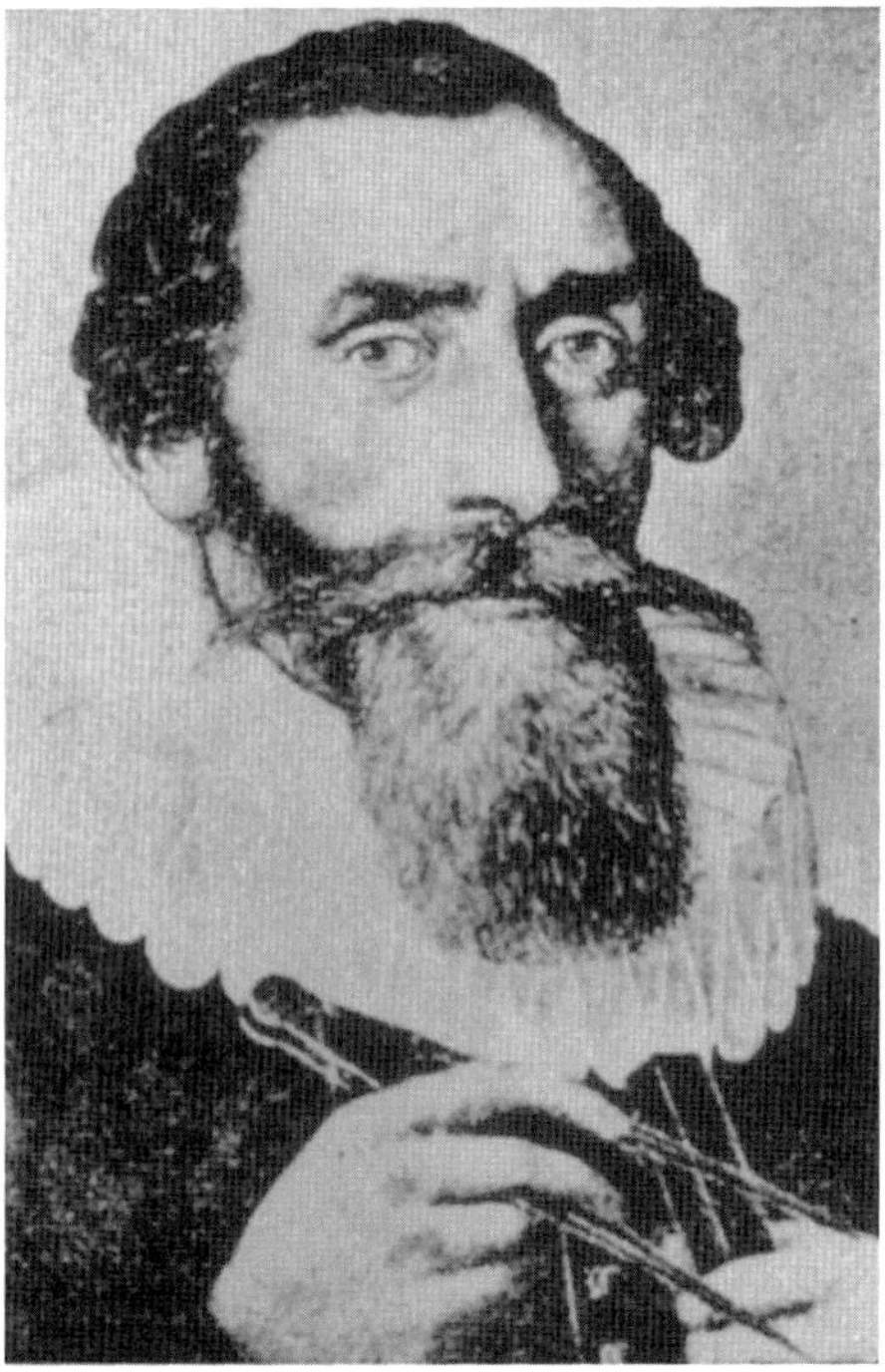

ケ プ ラ ー (1571-1630)

プロシヤの天文学者．1597年にブラーエの助手，後に皇帝付数学者となる．1609年に『新天文学』を出版．その中でケプラーの第1，第2両法則を導く．1619年には『宇宙の調和』を出版し，第3法則を導く．1628年，惑星運行の「ルドルフ表」を出版．光学の研究もおこなった．

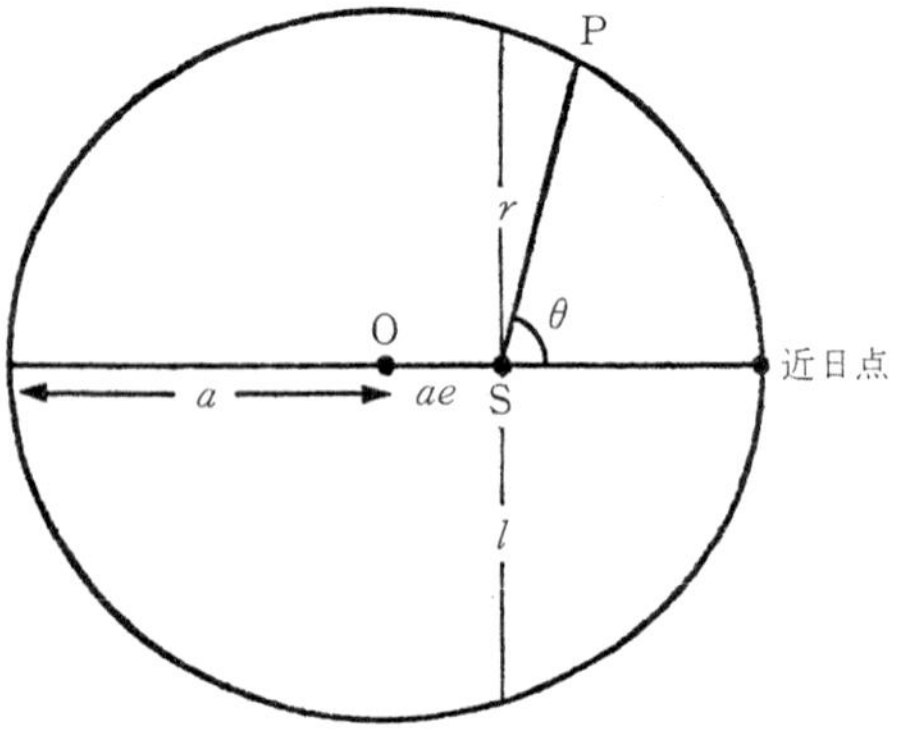


ケプラーの第１・第２法則
惑星Ｐは楕円軌道をとって公転する．

ーの三法則をみごとに説明してしまった。

天体間に働く万有引力が、どのような働き方をするものかについて、ニュートンは数式をもって表したが、その成り立つ理由や力の作用が伝達される機構についてはたずねなかった。彼にとっては数学的な表現形式がみつかるだけでよかったので、万有引力の原因についてはたずねなかったのである。ここのところで、ニュートンはデカルトと大きくちがってくる。

ニュートンにあっては、力の作用が空間を通しておよぶ際に、空間に力を媒介する媒質を何ら必要としなかった。力の作用によって生みだされる運動が、私たちが観測によってえた結果を正しく説明できればそれでよかった。力は、アリストテレスが想定したような目的因をもつものではなかった。

ニュートンが発見した万有引力は、質量をもつあらゆる物体のあいだに、たがいに引き合う作用をひき起こす。現在では重力作用とよばれているが、この力が天体間に働き、太陽系では、惑星や彗星の運動を解き明かしてくれたのであった。力学的な宇宙像の基本には、したがって重力作用が考慮されていた。ニュートンは、この力の原因についてはたずねず、力の働き方について正しい数学的表現を求め、それを用いて惑星の公転運動や彗星の軌道を取り扱った。惑星運動におけるケプラーの三法則も、万有引力の法則を適用してみごとに説明してしまった。

**ニュートンとハレー**

ニュートンの同時代人であったハレーは、当時知られていた大彗星が周期的に出現することを示唆する観測結果に注目し、この彗星の回帰する時期をニュートンの理論を適用して予言した。彼の予言にほとんど合致してこの彗星が回帰したことから、のちにハレー彗星（Halley's Comet）とよばれるようになった。一九八六年二月にも回帰している。

**ラプラスとポアンカレ**

重力作用を考慮して星々の宇宙の構造を研究する方法は、一八世紀後半にラプラスによって展開された。このような方法を、彼は天体力学とよんだ。彼によれば、ある瞬間において星々の位置と運動速度とが与えられれば、星々の作る宇宙の構造は完全に決まってしまうはずであった。天体力学とよばれる学問は、

ハ　レ　ー (1656-1742)

ハレー彗星であまりに有名．オックスフォード大学中退．南天の星を観測し星表を作る．ニュートンの『プリンキピア』出版に力を尽くした．ニュートンの法則を応用して周期彗星について研究．1758年にある彗星の回帰を予言，これが後にハレー彗星とよばれるようになった．

ラ プ ラ ス (1749-1827)

フランスの数理天文学者．ニュートンが発展させた古典力学の法則を天体運動に適用し，天体力学とよばれる学問を体系化した．

ニュートンが確立した力学法則から、数学的に展開された解析力学とよばれる新しい分野を生みだした。この分野で生みだされた力学形式の理論は現在でも発展をつづけており、カオスとよばれる新しい研究領域を生みだしている。

カオスについては、二〇世紀初頭にポアンカレが、天体力学における三体問題の研究ではじめて注意した。三体問題とは、たとえば太陽、地球、それに月のように三つの天体がたがいに重力作用をおよぼし合っているときの、これら天体の運動の扱い方に関する問題である。数学的にきちんと解くことが不可能な問題なのである。

重力作用だけを考慮した宇宙像では、星々の運動の全体としての安定性などはあつかえるが、宇宙の構造を物質の進化まで含めて研究することはできなかった。このような研究は、二〇世紀において誕生した現代物理学を待ってはじめて可能となったのであった。

宇宙像も、物理学の進歩とともに変貌をとげていくのである。現代の宇宙像は、物理学的宇宙像とよぶべきものとなっているのである。

# 現代の宇宙像——現代物理学からの寄与

## アインシュタインの特殊相対論と一般相対論

アインシュタインが建設した特殊相対論と一般相対論の二つは、ニュートンが建設した力学体系を拡張したものである。前者は、たがいに等速度で運動する二つのシステム（座標系という）のあいだで成り立つ力学法則をあつかう理論で、その際どちらのシステムで計っても光速度が不変に保たれていることが要請されている。後者は、重力場の理論ともいわれるように、重力場が存在する場合に、力学法則が相対論的にいかに表されるかを研究する理論である。

したがって、一般相対論は宇宙に広がって分布する物質間に働く重力場の取り扱いにかなうもので、この理論により宇宙のマクロな構造の研究が可能となる。また、大質量の星の周囲に形成される重力場の構造などの研究にも有用な手段を、この理論は提供する。ブラックホールは、このような星がその周囲に形成する光すら逃れられない領域を作りだした時に形成される。

## ハッブルの法則とアインシュタイン

アインシュタインが一般相対論を建設したのは一九一六年のことで、当時は観測的には、宇宙の構造に対する研究の手掛かりはなかった。これより数年おくれて、スライファーが、遠くの銀河からの光が赤い側に波長がのびていることを示した。多くの銀河について、観測によって光の波長がのびる傾向があることを示したのはハッブルで、一九二四年のことであった。この波長ののびが、遠くの銀河の私たちから遠ざかる運動によるとの解釈から、宇宙の一様的な、また等方的な膨張のアイデアが導かれたのである。このアイデアから、遠ざかる運動の速さが、私たちから銀河までの距離に比例することが要請されるが、観測結果がこのようになっているることが、ハッブルとその協力者ヒューメイソンによって、一九二九年には明らかにされている。この観測結果が、ハッブルの法則と現在よばれているものである。

一般相対論を用いて、理論的に膨張する宇宙に相当する解があることを示したのはフリードマンで、一九二二年のことであった。当時はハッブルの法則も知られていなかったので、誰にも顧みられなかったが、ハッブルたちの観測結果が知られるようになってから注目されるようになった。これより先アインシュタインは、宇宙が定常的に維持されるためには、重力の作用に打ち克つための力がなければならないと考えた。重力の作用はたがいに引き合う力なので、このような反撥的な力の存在なしには、宇宙を定常的に維持することが不可能なのである。同様のことは、ニュートン自身も考えており、星々が宇宙空間に孤立して存在しているのは、重力の作用に抗う「神の最初の一撃」だと要請していた。アインシュタインの場合は、この反撥力を生みだすものが、宇宙定数とよばれるものであった。

## 量子力学と相対論

宇宙のマクロな構造を決定するのは一般相対論で扱われる重力の場だが、重力場の源泉となる物質の基本構造は、量子力学とよばれる学問を用いて研究しなければならない。宇宙のなかのミクロな世界を研究する手段である量子力学は、一九〇〇年にプランクにより先鞭をつけられ、一九二五年になってハイゼンベルクやシュレディンガーなど多くの人びとにより建設された。物質世界のミクロな構造は、量子力学によりみごとに解き明かせることが、現在示されている。

宇宙で起こることが観測されている、物理的な現象を研究する分野は、現在、宇宙物理学とよばれている。この学問では、量子力学と相対論がともに研究において大きな力を発揮している。宇宙の探究も現代物理学の発展により、研究の様相が革命的に変わってしまっているのである。

しかしながら、現在でも未解決のままになっている大きな問題がある。量子力学と一般相対論とを融合した物理理論がまだできていないのである。宇宙の構造や進化の研究には、この物理理論が必要不可欠だと多くの人たちによって考えられているのだが、いまのところ見通しはほとんど立っていないといってよいであろう。現在、量子重力理論などとよばれるものが提案されているが、いろいろな難点を抱えたままである。現代物理学にも泣き所となるものが残されているのだということを、ここで注意しておこう。

## 人間原理の宇宙論

このような難点をかかえているものの、現代物理学は、宇宙のどこにあっても成り立つ学問であることを示している。また、物質間に働く力、つまり相互作用には四種類しかないことを明らかにしている。これらの力の強さを決める物理定数は実験的に求められているが、その大きさが現在知られているものと少しでも大きいか小さいかしたら、私たちがいまみているような宇宙は創造されなかったは

ハイゼンベルク（1901-1976）

ドイツの理論物理学者．1925年に量子力学を建設，1928年に不確定性関係の提唱，1929年には，パウリと波動場の量子論を発表．量子力学の解釈については，ボーアとともに，コペンハーゲン学派を率いた．

ずである。たとえば、万有引力定数（重力定数ともいう）が現在知られているものより一〇％大きかったら、太陽の一生の長さは地球上に誕生した生命が人類にまで進化するに足らず、地球の景観もまったくちがったものとなっていたことであろう。

四つの力に関わる物理定数はすべて、現在の宇宙の構造を決めるのに本質的な役割を果たしている。このことは、宇宙の構造や進化が、これらの物理定数によって現在知られているものとなったことを示している。人類の誕生はこのようなわけで、現在知られている四つの物理定数の大きさと、因果的にかかわっていることを意味する。宇宙の誕生と進化は、人類のような知的生命の誕生を「予定」していたのかもしれないということになる。このようなアイデアに立つ宇宙論は、人間原理の宇宙論とよばれている。

現代物理学は、宇宙論の研究を通じて生命存在の秘密の解明にまですすもうとしているのである。

# 宇宙における太陽の地位

# 天球上の太陽

## 太陽と人類

エジプトやバビロニアに興った古代の文明は、天文学的な知識に関係した遺跡や遺物を現代への遺産として残している。太陽の天空上の一年を通じての運行パターンを観察することにより、一年の長さや天空上の日々の移動について、古代に生きた人びとはすでに知っていた。太陽が人びとの生活に恵みをもたらし、天空上のその位置によって季節の変化が生じることなどについては、よく知られていた証拠が遺跡に残されている。

太陽が古代人の生活にとって特別な役割を果たす天体であることを知ることから、太陽に対する崇拝が起こり、古代文明の多くで太陽神の信仰が生まれた。古代エジプトでは太陽暦が案出され、日常の生活に利用されていた。また、イギリスに残る巨石の遺跡であるストーンヘンジは、太陽観測のための天文台であったと考えられている。南アメリカのインカ文明や、メキシコに残るアステカ王国の遺跡にも、太陽観測のための遺跡や太陽信仰の証拠が残されている。

これらの事実は、古代に生きた人びとの生活にとって、太陽が特別に重要な天体であったことを物語っているといえよう。しかしながら、彼らの生活基盤は地球の大地にあったので、その宇宙観は大地あってのものであった。古代ギリシャの時代のように、地球が球体をしており、宇宙空間に孤立した存在であることが理解されていても、その時代の宇宙像は、地球を中心としたものであった。人類は大地に支えられた存在なのであった。

コペルニクスが、一五四三年に出版した『天球の回転について』のなかで、太陽が宇宙の中心となる宇宙像を提出して以来、太陽はこの二〇世紀の一〇年代の終わりごろまで、天の川銀河の中心にあるものと想定されてきた。太陽という天体は、人類にとってそれほどに大きな意味をもつ存在なのであった。このようなわけで二〇世紀の前半は、人類が描く宇宙像に大転換が起こった時なのである。このような事実について初めて知った人たちにとっては、たぶん幾分かは衝撃的なものであったであろう。現在私たちがもっている宇

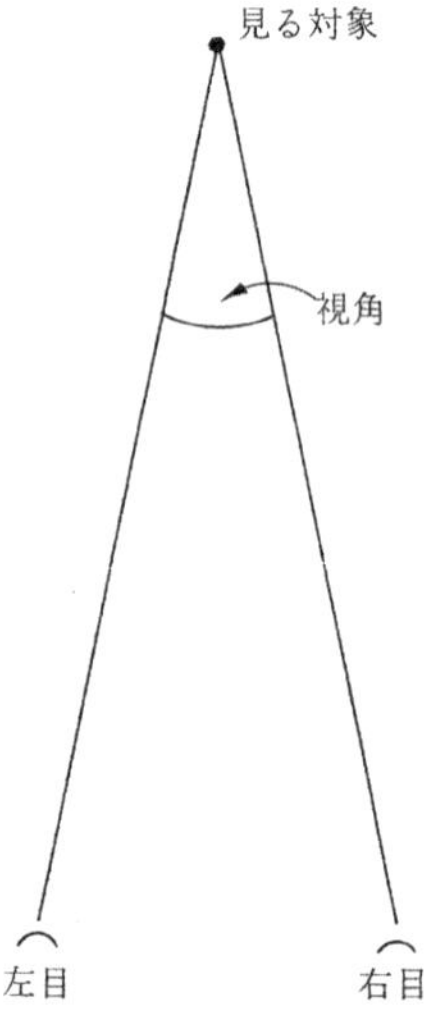


人間の目がつくる視角

宙像は、ごく最近の三〇年ほどの間に形成されたものだからである。

### 古代人と天体の距離

遠くの木立や家までの距離を見積もる最も簡便な方法は、両眼を用いたものである。両眼が張る視角から見る対象までの距離を計るために、対象が三〇〇メートルほどのところにあると視角があまりに小さく、この方法は有効ではない。しかし、地平線の方向では三〇〇メートルを超えて、もっとずっと遠いところまでおおよそながら距離を見積もることができる。家や大木などおおよその大きさについて、こちら側に知識があるために、みかけの小ささから距離が推定できるからである。

しかしながら、空を見上げたときには、既知の家や大木などは浮かんでいない。そのため、約三〇〇メートルから先のものは、私たち人間の目からはただ遠いだけの存在となる。このようなわけで、私たちには空に浮かんだ雲までの距離はわからない。同様に、太陽や月、金星などの惑星、また星々などの対象までの距離は、両眼を用いたのではわからない。太陽や月までの距離は、目や天体望遠鏡で見た、これら天体の張る視角からだけでは求まらず、実際の大きさについての知識が必要なのである。

## 古代人と天球

古代の人びとには、目だけが太陽・月・惑星たち、星々などの天体の観測手段であった。したがって、これらの天体は、当時の人びとにとってはすべてが遠い存在であった。これらの天体は約三〇〇〇メートルより遠くに位置しているということがいえるだけなので、この距離より幾分か遠いところに、これらの天体が張りつけられた天球が想定されたのは、たぶんごくあたりまえのことだったにちがいない。

近くに人工照明などが全然ない田舎や山中で空を見上げたとき、星々が手をのばせば届くかと思うほど近くに感じられるのは、私たちに星々までの距離を測る手立てがないためである。現代でも、これらの星々は私たちからみな同じ距離のところにあり、この距離で張られる半球が天球なのである。古代人にとっては、この天球は実在のもので、そこには星々が散りばめられていた。また太陽や月などが移動していく場でもあった。

## 太陽と月の運行

このようにして想定された天球には、人びとの住む場の天頂と二つの極点、南極と北極が描かれ、この二つの極点を結ぶ線を軸として一日に一回回転するものであった。大地は不動のものとされていたから、天球は東から西へ回

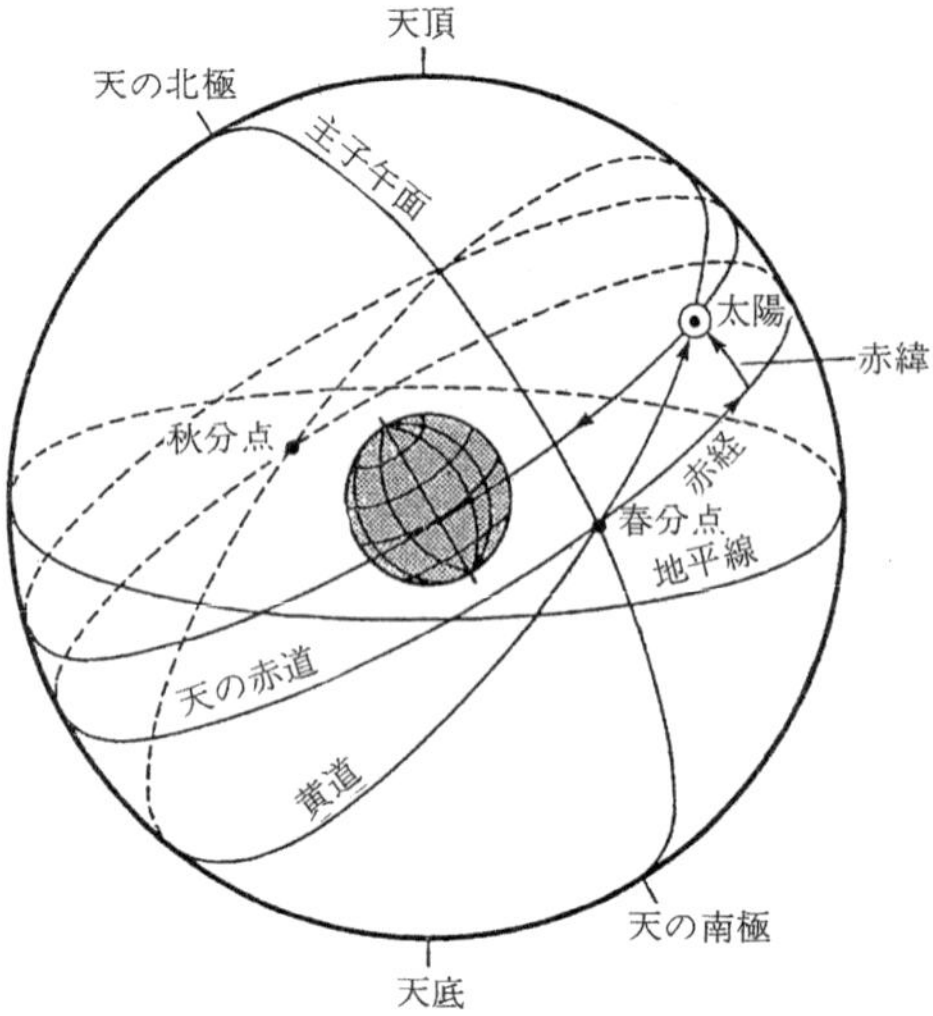


天球のモデル

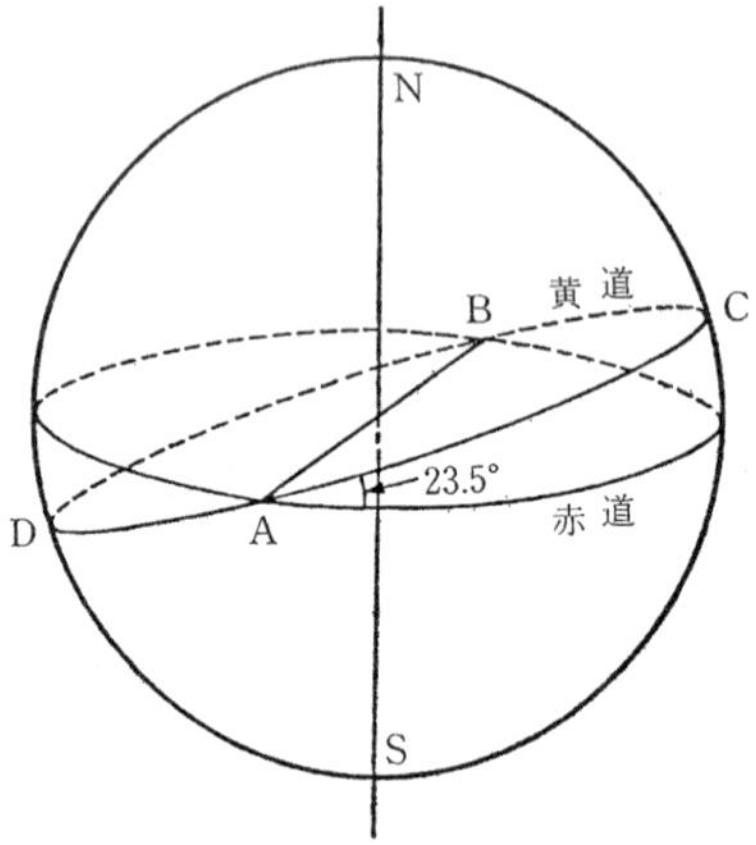


天球上の太陽の軌道（黄道）と天の赤道

転することになり、星々は東の空に最初現れ、西の空に没した。太陽や月も同様であったが、これらの天体は星々のあいだを、太陽は一日に約一度、月は一日に一三度あまり、西から東へと移動した。たとえば、太陽は天球上を一年、つまり三六五日かかって一周するが、この時の円周角を三六〇度としたのは、この太陽の天球上の運行から案出されたのかもしれない。

天球上を太陽が一年かかって一周する経路を黄道《こうどう》という。これは地球の赤道に対して、ほぼ二三度半傾いている。そのため夏至には太陽は赤道から最も北に離れるし、冬至には逆に最も南に離れる。春分・秋分には、黄道と赤道が交叉した点に太陽がくる。月が天空上を移動する経路は白道とよばれており、これは黄道に対し五度九分だけ傾いている。このため、月が赤道に対して離れる角度の振れは、太陽に比べて大きくなるのである。

古代文明を築いた人びとは、太陽と月の天空上の運行にみられるこのような性質についてよく知っており、日食や月食の起こる規則性についてもみつけていた証拠がある。日食や月食はほぼ六五八五日（一八年と一〇日あまり）で回帰する性質をもつことが、古代バビロニアにおいて実際にすでに知られていて、サロスの周期とよばれていたのであった。彼らの天文知識が随分深いものであったことがわかる。

## 太陽は宇宙の中心か

### コペルニクスの地動説

コペルニクスが構想した宇宙像は、太陽が中心にあり、当時知られていた五惑星と地球はその周囲を円運動するとしていた。惑星の公転運動は実際には楕円運動なので、プトレマイオスが想定した周転円をとり入れて、実際に観察される惑星の天球上の運動を説明した。その結果、コペルニクスによるいわゆる地動説は非常に複雑で、その点ではアリストテレス・プトレマイオスの宇宙像に比べてとくにすぐれたものということはできない。

古代ギリシャ文明の末期、ヘレニズムの時代に生きたアリスタルコスが、コペルニクスのものと似た宇宙像を提案していたことは注目すべきである。地球は、太陽の周囲を円運

ブ ラ ー エ (1546-1601)

デンマークの天文学者．1573年に超新星を発見．1588年にチコ・ブラーエの宇宙大系を提案．火星の観測記録は助手のケプラーによって分析され，惑星運動に関するケプラーの3法則に実を結んだ．

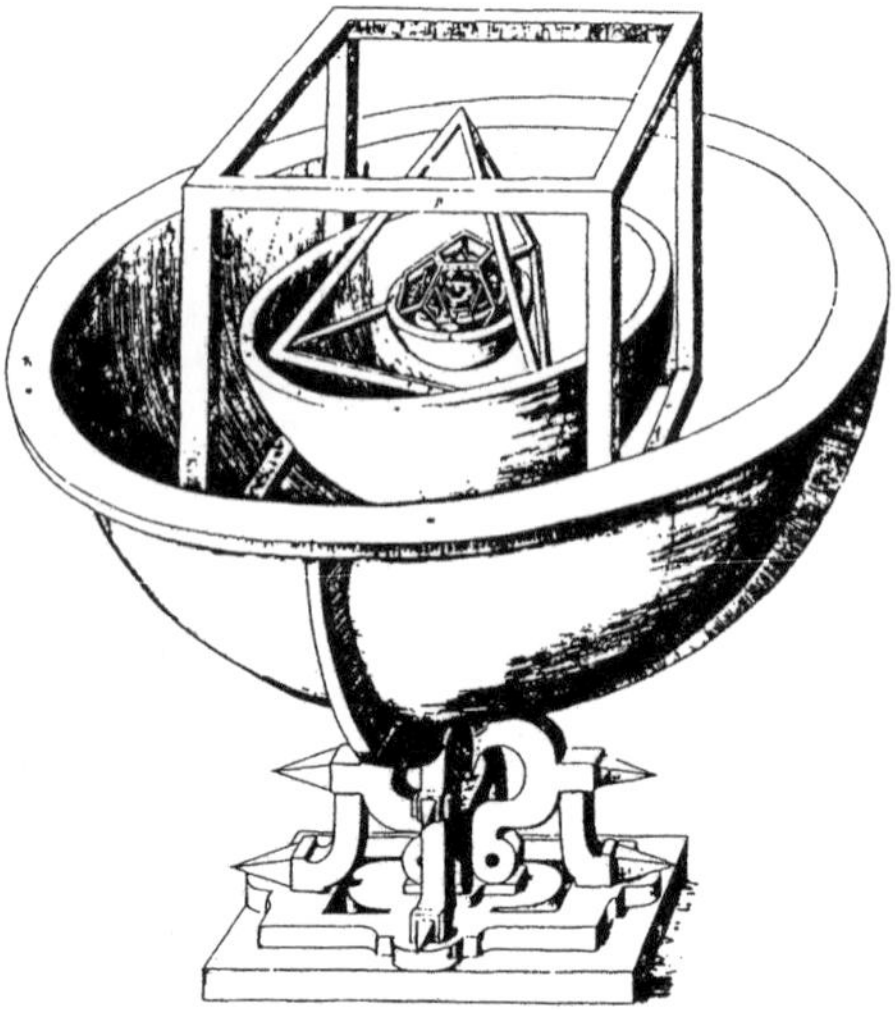
ケプラーの宇宙

動するとされていたのである。彼の太陽中心説もコペルニクスのそれも、実証的な観測データにもとづいたものではなかった。太陽と地球の相対運動をどのようにあつかうかにかかわっているだけで、じつはこれら二つの天体のどちらを中心において、太陽系のモデルを構想するかにちがいがあったのにすぎない。

## 宇宙の中心の太陽

ガリレオは、金星の満ち欠けの観測や、木星の四つの衛星の運動の観測を通じて、コペルニクスの宇宙像の正しさを確信したといわれているが、惑星の公転運動の正しい描像は、ケプラーによって導かれた。チコ・ブラーエが永年にわたって観測した、火星の天球上の運行に関するデータの分析から、彼は惑星の公転運動に関する三つの法則を見出した。

ケプラーの場合でも、惑星の数は地球を含めて六個で、それらは彼の神秘的な宇宙像に合致するものであった。これらの惑星が、当時知られていた六個の正多面体に対応していた。ガリレオは自作の望遠鏡により天王星をみていたと考えられる観測結果を残しているが、自分ではこのことに気づいていなかったらしい。ケプラーはこのような惑星の存在については全然考えていなかった。

ニュートンは重力の作用にもとづく惑星の運動理論を展開し、太陽系の構造について力学的な研究をおこなったが、彼の宇宙像もその中心には太陽があった。宇宙の中心に太陽が据えられていることについて、ガリレオ、ケプラー、ニュートンなどの人たちは何の疑問も抱いていなかったようにみえる。

### 片隅に押しやられる太陽

太陽が、星々の集団である天の川銀河の中心からその片隅へ移されるのは、二〇世紀の一〇年代の終わりごろのことで、それまで太陽が星々の広がる世界の中心にあった。一九世紀の終わりごろ、オランダのカプタインは、W・ハーシェルが発見していた星々の天空上の固有運動にみられる二つの大きな流れについて、観測結果にもとづいて研究した。太陽をはさんで一方側の星々はある方向に向かって走っていっており、他の側の星々はその逆の方向に走っていっていることから、

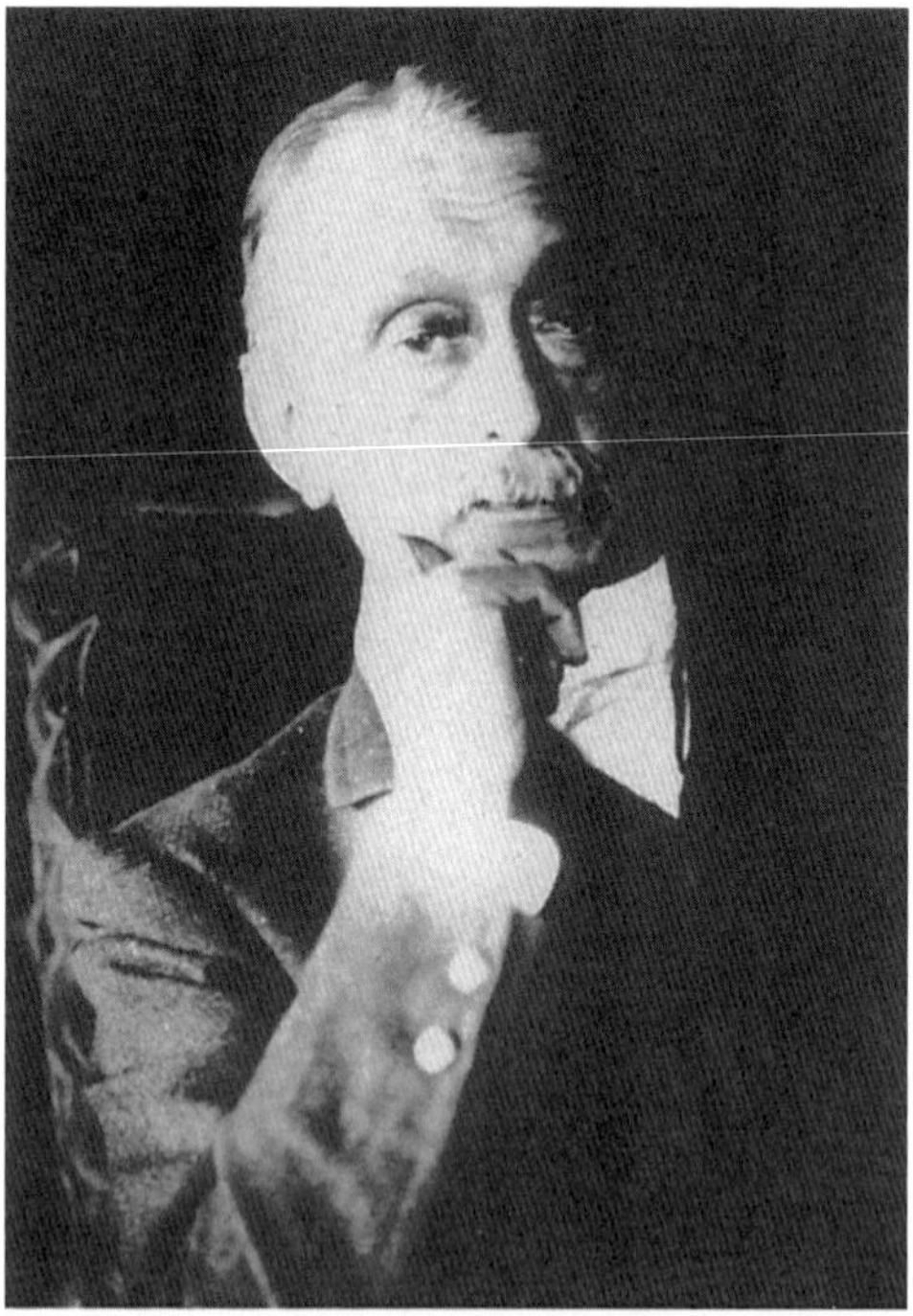

カプタイン（1851-1921）

オランダの天文学者．1878年にフローニンゲン大学教授．星の空間運動について，1904年，２大星流の存在を発見．

ハーシェル（1738-1822）

ドイツ，ハノーバー出身のイギリス天文学者．音楽で身を立てていたが，天文学に進み，1778年に天王星を発見．1803年には，星の固有運動を発見した．その間，星の数の空間分布を観測から求め，銀河構造を提案．

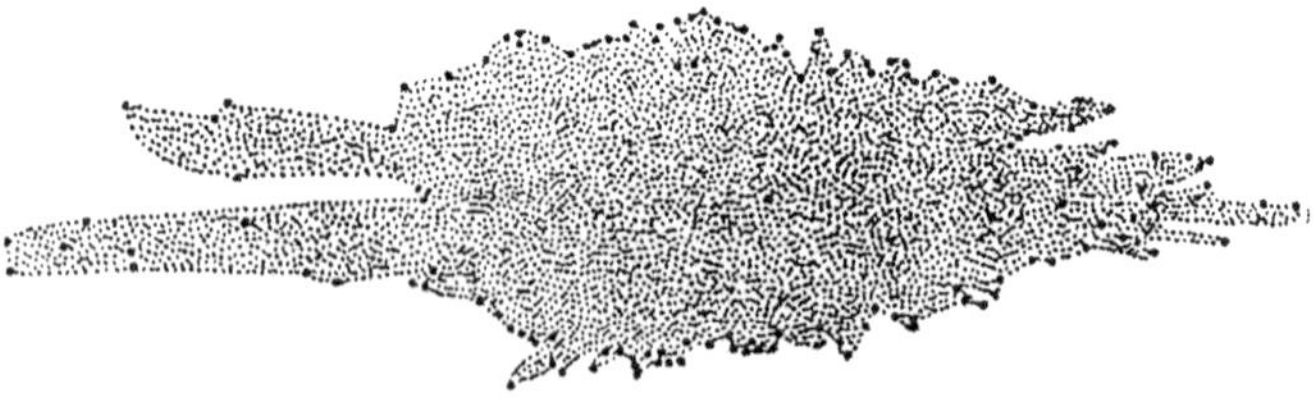

ハーシェルの銀河構造

カプタインは二大星流説を提唱したのであった。

二〇世紀に入ってから、イギリスのエディントンは、星々の空間運動についてさらに詳細に観測し、統計的にデータを処理してこの二大星流説を精密なものとした。だが、星々にみられたこのスケールの大きな空間運動は、じつは太陽の空間運動に対する相対的なもので、天の川銀河の回転運動から生じるものである。

この回転運動の存在に関する議論に先立って、天の川銀河の構造とそのなかでの太陽の位置とが推定されなければならなかった。この構造について、星々の空間分布を星の観測による計数から推測したのはW・ハーシェルで、一八世紀の終わりごろのことであった。現代的な方法は、のちにのべる変光星セファイド（またはケフェウス）にみられる明るさと変光周期との間にある関係にもとづいたもので、この変光星をふくむ球状星団の空間分布を用いるものであった。この方法により、太陽は天の川銀河の中心から三万光年も離れたところに位置する平凡な星となってしまったのであった。

現在では天の川銀河のような星々の集団は、この宇宙に一〇〇〇億の桁の数だけ存在することが明らかにされている。このようなわけで、太陽はこの宇宙では何ら特別な天体ではなくなってしまったのであった。宇宙の中心にあると想定されていた太陽が、宇宙のどこか片隅に押しやられてしまうことになったのである。

# 星としての太陽

太陽を含めて星々がなぜ輝いているのか、光エネルギーの源泉がどこにあるのかなどという疑問について研究できる理論や方法は、二〇世紀に入って量子力学とよばれる学問が誕生してから確立された。一九世紀半ばに、ドイツのキルヒホフとブンゼンにより、星からの光のスペクトルに、その星を作る元素の情報が隠されていることが明らかにされた。

## 太陽のエネルギー

太陽から届く光を三角プリズムを通して壁か衝立に映してみると、赤から紫につながった光の帯ができる。このような光の帯を、ニュートンはスペクトルと命名した。このように光を波長によって分けることを分光というが、精密な測定法によると、この光の帯、つ

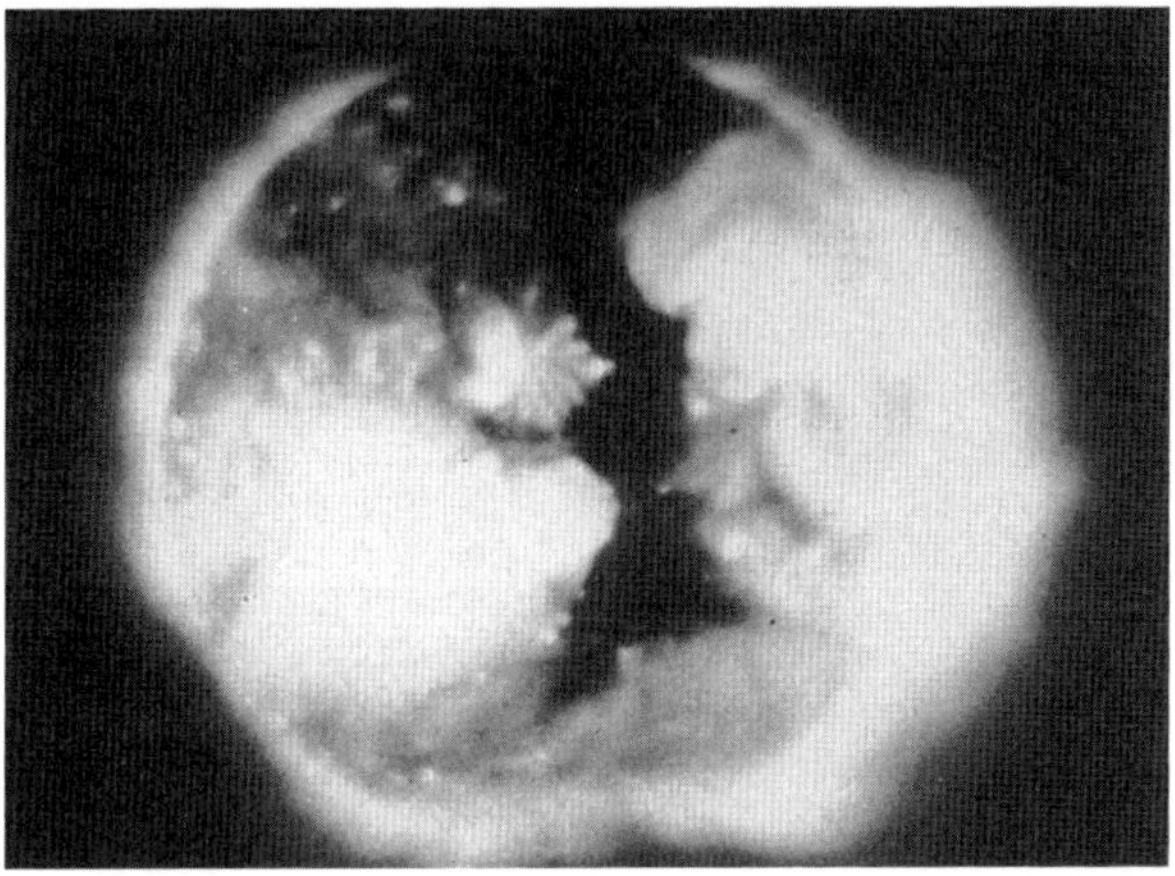

太陽コロナ
太陽の周囲に広がる希薄な大気.

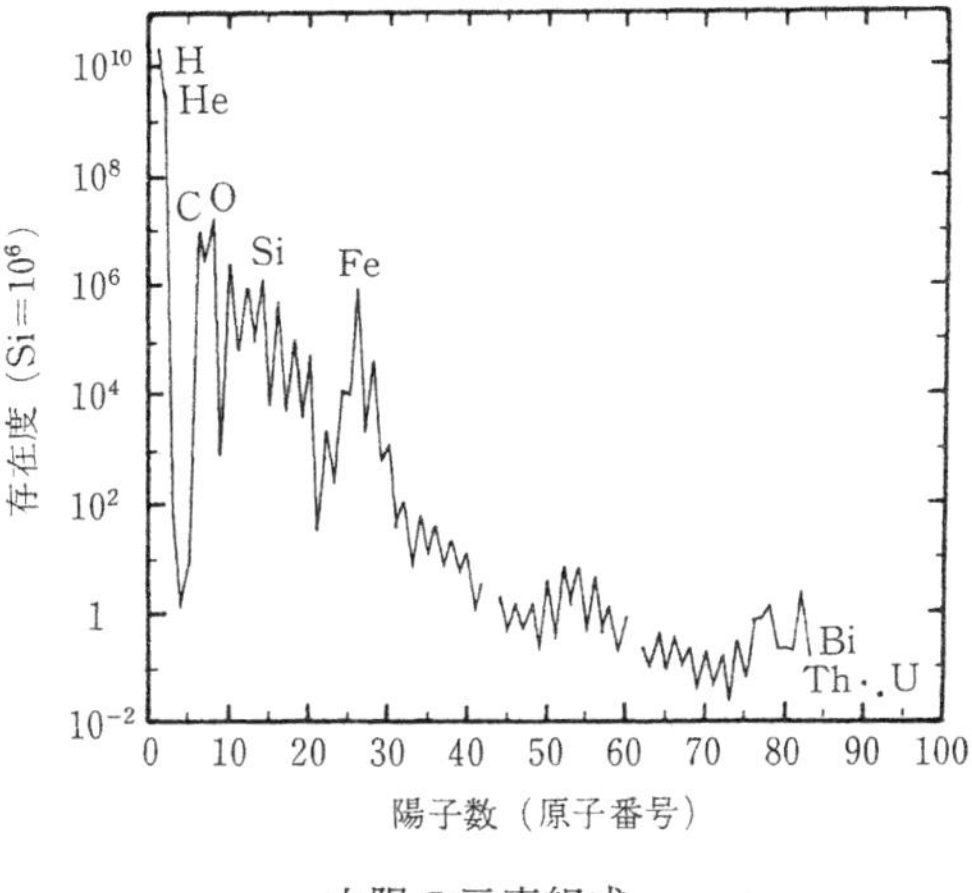


太陽の元素組成

まりスペクトルにたくさんの暗い線がみつかる。これらの線の波長は元素に特有なものなので、その暗さや広がりから、太陽にどのような元素が、相対的にみてどれくらいずつあるかが推定できることになる。このような研究は天体分光学とよばれる。

太陽は光エネルギーを外部空間へ向けて瞬時も休まず放射しつづけている。その総量は毎秒約$4\times10^{26}$ジュール、つまり四のあとに〇が二六ついたきわめて大きなものである。太陽は四六億年ほど輝きつづけているから、そのエネルギー源は効率の非常によいものでなければならない。この源泉は原子核物理学が発展してはじめてみつかった。太陽に最も豊富な水素の原子核、つまり陽子を相次いで四個融合させることによりヘリウム核を合成する、熱核融合反応とよばれる過程から、解放される核エネルギーがエネルギー源となる。水素核四個に比べてごくわずかだが、ヘリウム核一個の方が軽い。この軽くなって失われた質量が核エネルギーとして解放され、究極的に光エネルギーとして太陽の表面から失われる。このエネルギーは二度と太陽にもどることはないので、太陽の内部で先にみた熱核融合反応が休むことなくつづいていなければならない。

## 平凡な星—太陽

先にみたエネルギー量をまかなうには、太陽の奥深くで毎秒につき六億四〇〇〇万トンほどの水素核をヘリウム核合成のために消費しなけれ

ベ　ー　テ (1906-)

ドイツ生まれのアメリカ人．1935年にアメリカへ移住．コーネル大学教授．原子核の知識を用い，星のエネルギー源として熱核融合反応，CNO サイクルを発見．1967年，ノーベル物理学賞受賞．

ばならない。太陽を作る元素の大部分が水素核なので、これだけ大量の水素核を毎秒失っても、太陽は一〇〇億年の長きにわたって、輝きつづけられることになる。

太陽のエネルギー源が明らかにされたのは一九三七年のことで、アメリカのベーテやドイツのワイツェッカーによってであった。星の内部ですすむ熱核融合反応にかかわったいろいろな過程が明らかにされ、星の進化のパターンについての理解が大いにすすんだのであった。

太陽も他の星々も、エネルギー源となる陽子のような原子核を消費するので、これらの天体には寿命があることになる。星は、それぞれの質量によって一生の長さが異なるだけでなく、一生の最期の姿もちがってくる。このようなことがらも、原子核物理学のように二〇世紀に成立した物理学の諸分野が進歩した結果、明らかとなったのであった。

太陽は、天の川銀河を作る四〇〇〇億もの星々の集団の一つである。それも、特別注目すべきものではなく、これらの星々のなかでも最もありふれた平凡な星なのである。天文学の進歩とともに、太陽はだんだんと宇宙の中心から離れていき、いまでは特別な天体ではないことが明らかにされてしまっている。このことは、地球自身もこの宇宙のなかで特別な存在なのではないことを意味する。地球上に棲息する諸生命は人類も含めて、この宇宙のなかでは、とくに注目すべきものとして存在しているのではないのである。

したがって、生命の存在も、地球という天体に限られたものではなく、太陽に似た星に惑星系が形成されていた場合には、生命が生まれ、進化している可能性もあることになる。

# 重力が支配する宇宙 I

## ニュートン的な宇宙像

# ニュートン力学の応用

## 重力の作用

自然界にあって、物質間に働く力のなかで一番早くその数学的な表現法がみつかったのは、重力の作用である。この作用はどんな物質のあいだにも引力として働くので、万有引力とよばれることもある。物質間に働く力には、このほかに電磁的な力、ミクロな世界で重要となる強い力と弱い力の三つがある。これらの力については、のちに物質の究極構造についてふれる折にのべるが、自然界はこれら四つの力からできあがっているのである。

万有引力、つまり重力について、ニュートンが数学的な表現法を見出したのは、一六六六年ごろのことと現在考えられている。当時、イギリスで流行したペストをさけるために、

ニュートン (1642-1727)

1661年，ケンブリッジ大学入学，1665年に卒業．1664年から1666年にかけて流行したペストを避けて生まれ故郷に行っていた間に，万有引力の法則，力学の基礎法則，微積分法などの大発見をした．1669年，ケンブリッジ大学教授．1687年，『プリンキピア』を出版．

ケンブリッジから生まれ故郷のウールスソープに彼は帰っていた。万有引力の法則の発見が、リンゴの落下を目にした時にひらめいたという話が伝えられているのは、このころのことであった。

しかしながら、ニュートンはケプラーやガリレオの著作について詳しく研究していたので、ケプラーの三法則が、自分の見出した万有引力の法則と力学の基礎法則とから必然的に導かれることを見出したのであろう。いま力学の基礎法則といったが、これはニュートンの法則ともよばれるように、ニュートンが発見し、いろいろな問題の解法に応用している。地球や他の惑星の公転運動、彗星の運動などの取り扱いにも適用されたが、その過程で微積分法を創造したのであった。

重力の作用は、先にのべた四つの力のなかで最も弱いもので、電磁的な力に比べて四〇桁も小さい。しかしながら、太陽と地球とのあいだの作用のように、大質量の天体間では、万有引力の法則によれば二つの天体の質量の積に力の強さが比例するので、無視しえない大きさとなる。そのため、太陽系の天体同士や近接した二重星のあいだには、重力の作用が相互の運動に大きな影響をおよぼすほどに強くなるのである。

## 力学の応用

現在では、ニュートンが見出した万有引力の法則は、アインシュタインの一般相対論から導かれる重力場の方程式に対し、重力場の作用が弱いとした場合に成り立つことがわかっている。したがって、この万有引力の法則は、太陽系の惑星の公転運動、地球と月との相対運動、人工衛星の運動などの取り扱いに対し、十分に適用できることになる。

現代は宇宙時代（Space Age）だとよばれているが、人類が足跡を記したのは、地球に一番近い天体である月までである。また、宇宙ロケットによる惑星探査が、すべての惑星についてほぼできたこと、いいかえれば、太陽系の空間に人類による探査の手がのびたことが、いままでの人類の事業である。アメリカの宇宙ロケット、パイオニア一〇、一一の二号、ボイジャー一、二の二号、あわせて四機が太陽系の空間の外へ向けて飛行中で、星の仲間入りをやがて果たすことになる。これら宇宙探査のための飛翔体も、その飛行はニュートンの力学で十分に取り扱えるのである。このような点で、ニュートンの力学は、現在でも十分に有効にその力を発揮しているといってよい。

# コペルニクスからケプラーへ――ブラーエの役割

**アリストテレス・プトレマイオスの宇宙像**

アリストテレス・プトレマイオスの宇宙像では、地球が宇宙の中心にあり、月と太陽と五惑星のすべてが地球の周囲を円形軌道をとって運行するとされていた。これらの軌道は天球とよばれる透明な球殻上にあると考えられた。天空は月の軌道より地球に近い側と、月の軌道より遠い側に分けられており、前者では地球と同じ物質がいろいろな現象をひき起こすものと考えられた。アリストテレスによる四元素、地・水・火・風(空気)が、これらの現象にかかわっていた。月上の世界では、エーテルとよばれる地上にはない物質が天体現象を作りだしているとされていた。

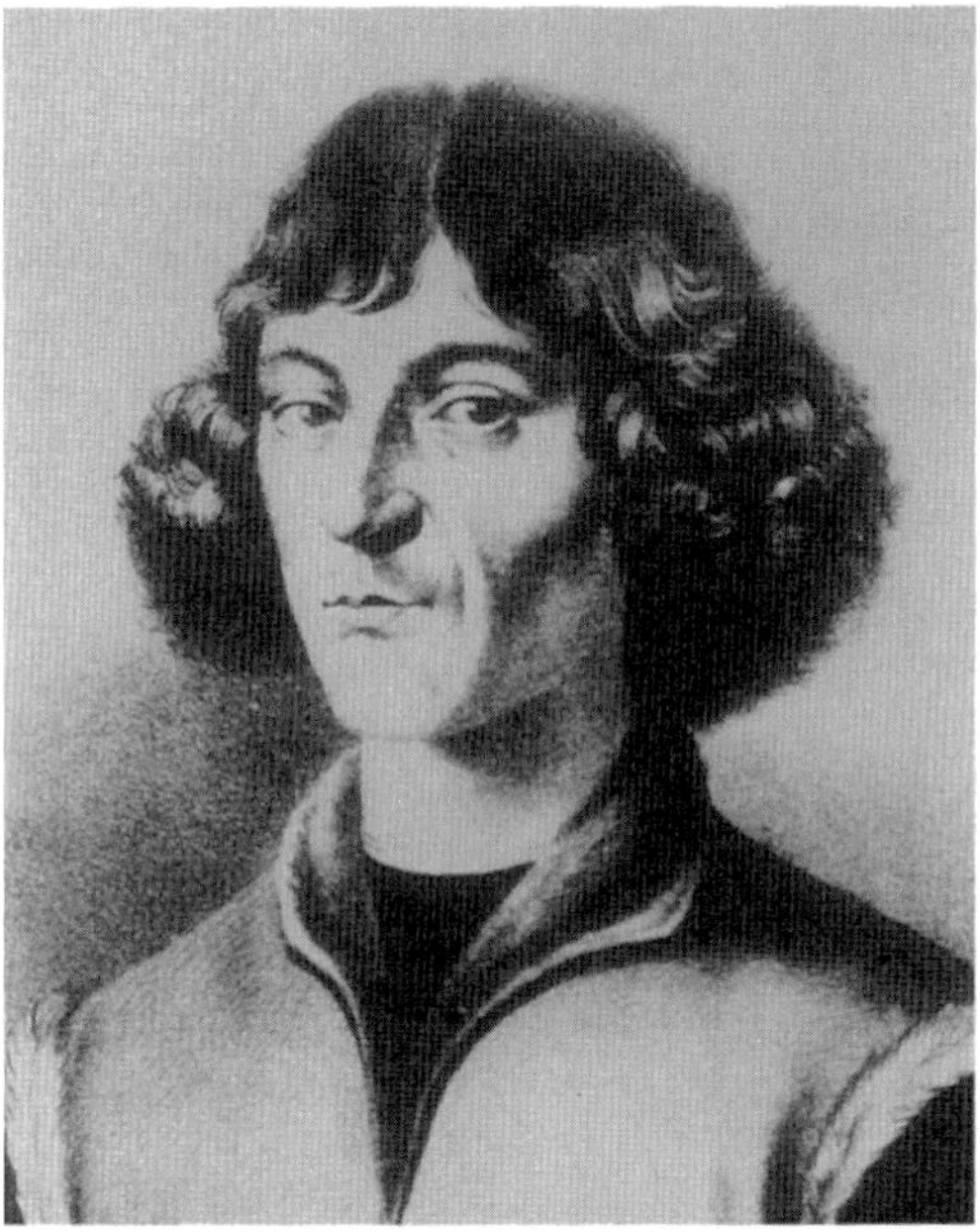

コペルニクス（1473-1543）

ポーランドの天文学者．神学者になるはずだったが，後にパドヴァ大学で医学を修めた．1512年からフラウエンブルク修道院に天文台を設置して観測に従事．1543年に主著『天球の回転について』を出版．地動説を提唱．

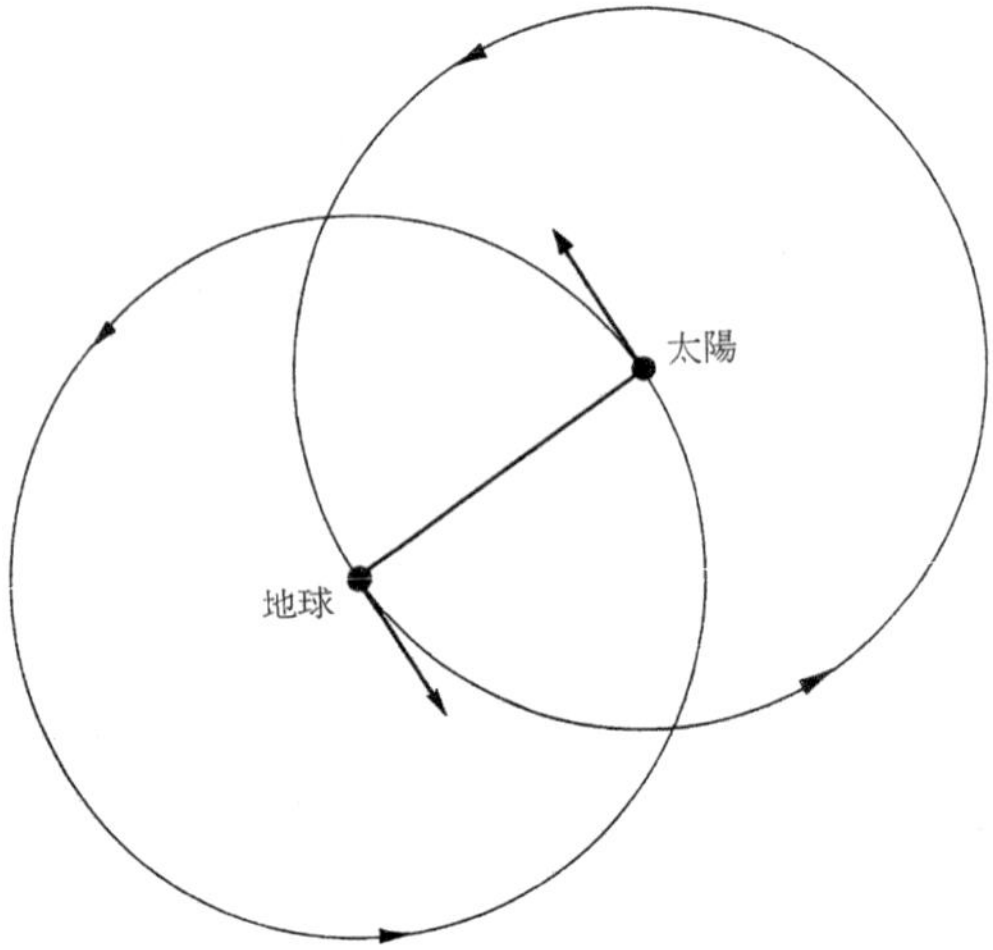


天動説と地動説

どちらの天体に基準を置くかで天動説か地動説となる.

地球と太陽の二つをとりあげて、両者の相互の運動について考えてみよう。アリストテレス・プトレマイオスの宇宙像では、太陽が地球の周囲を公転しているとされている。このとき、太陽を基準にとり、そこにいる仮想の人間が地球をみたとすると、地球が太陽に対して公転しているようにみえる。このあとの場合が、コペルニクスの宇宙像にあたる。

　したがって、アリストテレス・プトレマイオスの宇宙像とコペルニクスの宇宙像とは、太陽と地球のどちらに基準点をとり、そこが不動と仮定したときの相対的な運動のとり方にちがいがあるだけだということになり、これら両者のどちらがよりすぐれているかといったとき、両者ともに同等の優位性を示す。両者ともに、公転運動が円形となっているために、太陽と地球のどちらを基準にとっても、私たちの経験とは矛盾しない。

**コペルニクスの宇宙像**

コペルニクスが自著『天球の回転について』において提案した宇宙像では、太陽が中心にあり、地球は第三惑星として太陽のまわりを公転するよう描かれていた。当時知られていた火星、木星、土星の三惑星が、地球の外側を太陽からみてこの順に公転運動していた。月は地球の衛星として描かれていた。コペルニクスが生きた時代には、天王星・海王星・冥王星の三惑星はまだ発見されていなかった。そのために、土星の外側には星々を散りばめた天球があるとされたが、星々の位置は、一年を通じて地球から見た方向が不変だったので、この天球は無限ともいえる遠方に想定されねばならなかった。当時、真空の概念はなかったので、土星と星々を散りばめた天球とのあいだの膨大な空間の存在を許容できず、コペルニクスにとっては、これは頭の痛い問題であった。

**ブラーエとケプラーの宇宙像**

コペルニクスの宇宙は、有限な大きさであることが暗黙のうちに想定されていた。そのため、膨大な真空の領域が許容できなかったのであった。前にみたように、太陽中心か、それとも地球中心かについては、どちらが優位かを決める手掛かりはなかったので、チコ・ブラーエは両者の折衷的な太陽

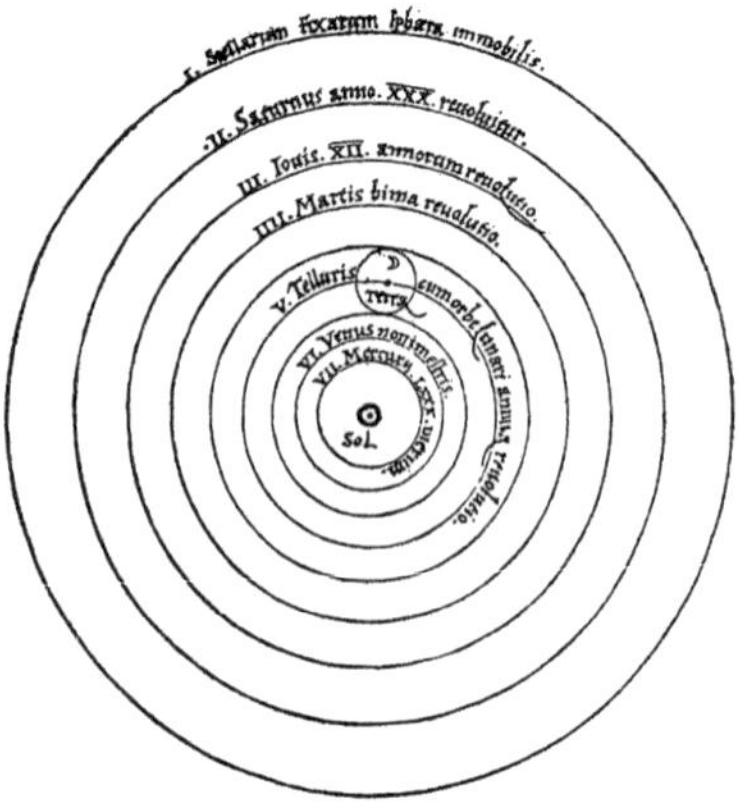


コペルニクスの宇宙像

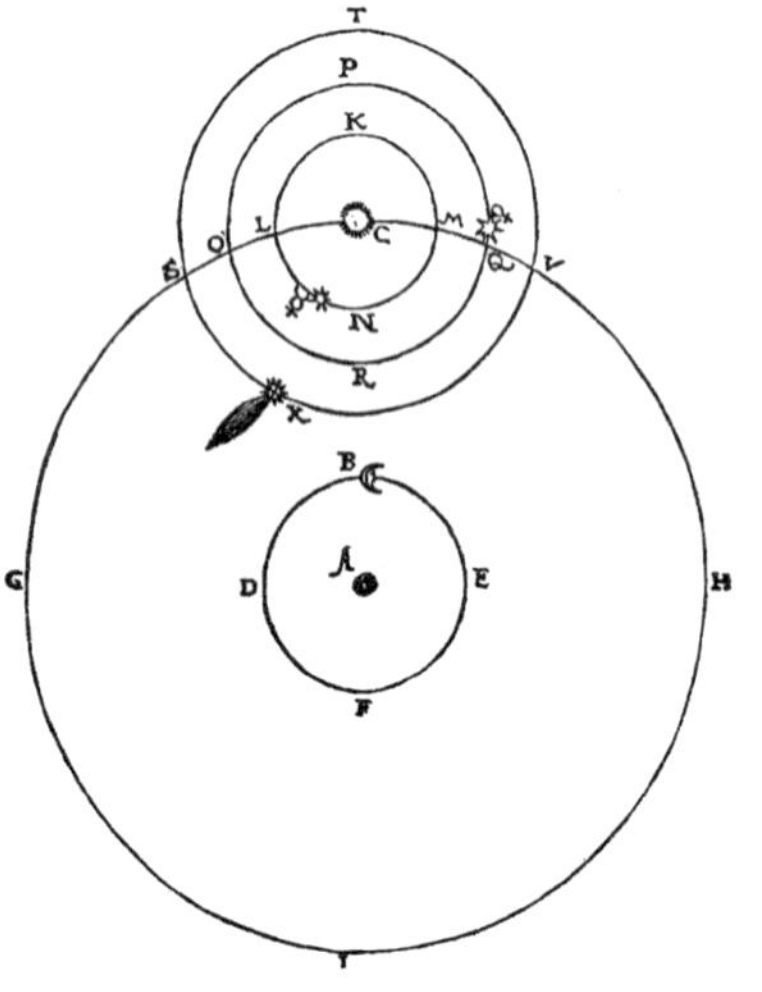


ブラーエの宇宙像

系のモデルを提案している。このブラーエの宇宙像も、当時知られていた惑星や月の運動をうまく説明できたのである。

ブラーエは、デンマークのウラニボルク天文台にあって、肉眼による観測ではあったが、火星の天球上の移動について膨大な観測データを蓄積していた。このデータが、のちにブラーエの助手となったケプラーに利用されて、彼の名を冠してよばれる惑星運動に関する三法則が導かれたのであった。ケプラーは、ウラニボルクからプラハの天文台へと移っていたブラーエの下で、火星の運動について研究し、この惑星が楕円を描いて太陽のまわりを公転していることを明らかにしたのだった。

ケプラーは、コペルニクスの太陽中心説については知っており、惑星の公転軌道を円運動の結果として説明しようと試みたが、火星に関する観測データと合わせられなかった。結局、いろいろな試みの末に、惑星が楕円を描いて太陽のまわりを運動しており、太陽は楕円の焦点のひとつに位置していると結論したのだった。ケプラーの第三法則として知られる、公転周期の二乗が楕円の長半径の三乗に比例することは、時期的には遅れて別の著作のなかで示された。

# ガリレオ――科学の方法の発見

## ニュートンの先駆者―ガリレオ

ガリレオは、ケプラーと同時代に生きた人であった。おたがいのあいだで手紙を取り交わしていたので、ガリレオは、ケプラーがコペルニクスの宇宙像を支持する結果を火星の運動から導いていたことも知っていたらしい。ガリレオには、コペルニクスの『天球の回転について』を読んだと思われる節がないのだが、彼がいわゆる地動説を強く支持したのは、ケプラーから学んだからのようである。

ガリレオは自作の望遠鏡により、金星の満ち欠けを観測していて、この天体が太陽のまわりを公転していることを確信していたし、木星の四衛星の公転運動についても観測から

ガ リ レ オ (1564-1642)

イタリア，ピサ生まれ．ピサ大学時代に振り子の等時性を発見．1609年にガリレオ式望遠鏡を作り，翌1610年，木星の4衛星，月面の凹凸，金星の満ち欠け，太陽黒点などを発見し，コペルニクスの地動説を支持した．1616年に宗教裁判にかかる．1632年，『天文対話』を出版．再び宗教裁判．1636年，『力学対話』を出版．

知っていた。木星の衛星が太陽系のミニチュアのように想定されたのであった。彼は太陽中心説、いいかえれば地動説の支持者であったが、忘れてならないのは、ニュートンの先駆者として、力学とよばれる学問の成立に重要な寄与をしていることである。

彼は重力の本質については知らなかったが、重力加速度の存在については正しく把握していた。物を真空中で静かに離した場合の自然落下の運動では加速度が一定であり、これが現在の記号ではgと書かれるものにあたり、その大きさが9.8m/s²（毎秒九・八メートルの速さを生じる）であることを明らかにした。この数値は、自然落下において離してから一秒（1s）たったときに、落下速度が九・八メートル毎秒となること、したがって、落下距離が四・九メートルになることを示したのだった。

## ガリレオ・ニュートンの相対性原理

この重力加速度を求めるにあたって、ガリレオは滑らかな斜面を利用して自然落下について研究している。彼は、自然現象は数学のことばを使って記述できるとの確信のもとに、現象の数学的表現に心を砕いている。しかし、彼の時代には微分積分学はまだできていなかったので、自然落下の法則も代数的な表現を実験結果に与えたにすぎなかった。

自然落下の法則は、一定速度で走っている船上にあっても正しく成り立つことから、彼は慣性運動の存在に気づいている。この運動は、速さと運動の向きがともに一定なもので、このような運動のもとでは、静止している場合と同等の運動法則が成り立つ。これがガリレオの相対性原理で、のちにニュートンが慣性運動について正しく理解してこの原理を用いたので、現在では、ガリレオ・ニュートンの相対性原理とよばれている。ここで注意しておくべきことは、ガリレオの慣性運動は球体としての地球に準拠していたので、一定の速さの円運動とされていた。この運動を正しく捉えたのはニュートンで、慣性運動とは一定の速度で一直線に決まった方向に運動することを意味している。

ガリレオによれば、自然落下運動もふくめて、どのような運動にもアリストテレスが要請したような目的因などなく、自然現象はひとつの合理性にしたがって起こるにすぎないのであった。自然現象の研究は、実験と観察にもとづいてすすめられるのだという確信が、彼にはあった。その際、彼がおこなったことは、現象を分解して、それを成り立たせている要素を解きほぐした結果に立って、これらの要素がどのように組み合わさって、その現象が再現できるかを調べたのであった。

このような分析的な手法は、彼と同時代人であったデカルトによってもすすめられており、この手法が後代の科学研究の方法となった。現代科学の研究方法が、デカルトやガリレオによって創始されたのである。一七世紀は天才の世紀といわれるほどに、たくさんの天才が科学の研究にたずさわっていた。これらの人びとのなかには、ハイゲンス（ホイヘンス）、パスカル、フェルマ、ニュートン、フラムスティード、ハレーなどの名前がある。近代科学（Modern Science）とよばれる学問が、これら天才たちの研究を通じて確立されたのであった。このような点から、一七世紀が科学革命の時代だと、ときにいわれるのである。

## 近代科学の創始者

ガリレオが、地動説に味方したことから、異端審問とよばれる宗教裁判において裁かれたことは有名な話で、よく知られているであろう。この裁判のきっかけは、彼の著書『天文学対話』のなかで、地動説を擁護する立場を鮮明に打ちだしたことにある。この本のなかで、コペルニクスの宇宙像とアリストテレス・プトレマイオスの宇宙像を対比させて論じ、前者の優位性を示してみせたのであった。

彼の最後の著作は『力学対話』で、このなかで自然落下運動の数学的な表現形式、振り子の運動など力学現象について考察している。振り子の運動の取り扱いにあたっては、現在私たちが理解しているエネルギーの保存原理にかかわる論証さえおこなっている。

ガリレオは自作の望遠鏡により太陽の観測もおこない、黒点を発見しているだけでなく、太陽が自転していることまで確かめている。当時、太陽面上の黒点の本質をめぐって、イギリスのハリオット、ドイツのシャイナー、ヘヴェリウスなどが、それぞれの観測結果をもとにいろいろと論じていた。そのなかで、最も鋭くその本質を突いたのはガリレオであった。

ガリレオが、近代科学の創始者であるとしばしばいわれるのは、科学の方法を確立し、

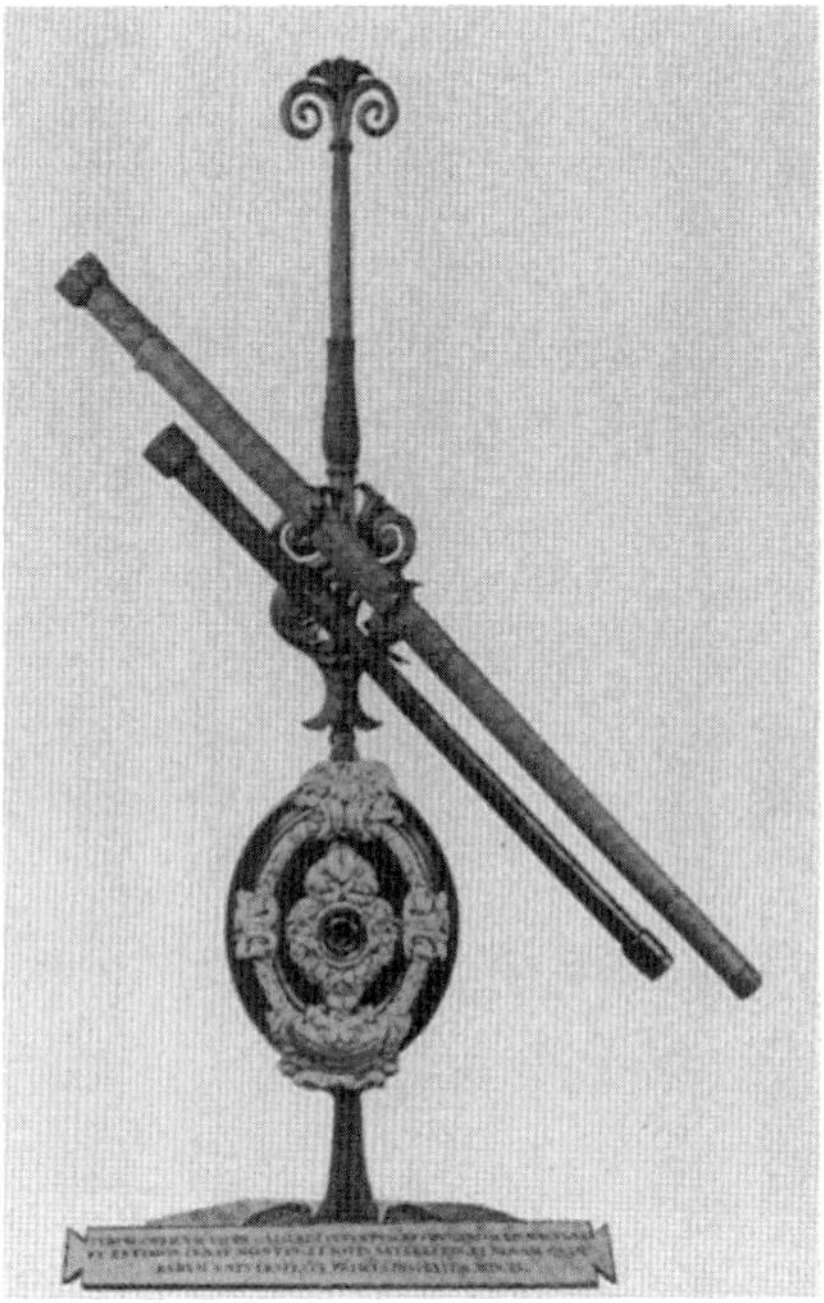

ガリレオの望遠鏡

実際にその有効性を示してみせたことにある。このガリレオが確立した科学の方法は、現代にまで受け継がれてきている。だが、ここ一〇年ほどの間に、この方法への反省が、複雑系とよばれる現象の研究を通じてなされるようになっていることを、指摘しておきたい。

# ニュートンの宇宙像――万有引力の発見

## ペストとニュートン

ニュートンが生まれた年（一六四二年）は、ガリレオが逝った年であった。ちょっと因縁めいた話だが、彼はガリレオが発見した重力加速度の本質を、自らが見出した万有引力の法則から明らかにしてみせているのである。ガリレオの晩年が、ヨーロッパでペストが流行した時代であったことは、宗教裁判のために召喚されて、フィレンツェからローマへでかけるのを延期してもらうための嘆願書に記していることからわかる。

ニュートンが生きた時代にも、ペストが流行したことがあった。イギリスのロンドンを中心とした地域にペストが大流行したのは、一六六四年から一六六六年にかけての時期で、若き日のニュートンは、このときケンブリッジから生まれ故郷のウールスソープへ帰って難を逃れていた。当時のヨーロッパは、小氷河期（Little Ice Age）とよばれる気候の寒冷期で、気候が厳しかっただけでなく、ペストが間欠的に流行をくり返していた。気候の寒冷化のために、当時のヨーロッパでは、人びとが飢えに苦しんだ時代でもあった。

ペストの流行をさけて、生まれ故郷にもどっていたニュートンは、この二年あまりのあいだに彼の生涯のなかで最も実りの豊かな時期をすごしたのであった。

## ニュートンの法則

微分積分学の基礎と無限小解析の方法の発見と、万有引力の法則の発見がなされているからである。微分積分の方法を応用して、彼は力学の基礎方程式を導いている。この方程式は、質量mの物体に力fが作用したとき、この物体がえる加速度aが力fと同じ向きに生じ、これが運動をひき起こす。このとき加速度は力の強さに比例し、質量に逆比例するように生じる。これは、ニュートンの力学に関する第二法則とよばれている。

第一法則は、力の作用がない場合には、加速度を生じないのであるから、物体はその速度を変えることがないことを表す。最初静止の状態にあればその状態を維持するし、一定の速度で走っていた場合には、それを維持することをいっているのである。第三法則は、力の作用を受けた物体は、そのときこの力と逆向きの作用を生じ、その強さは加わった力のそれと同じであることを表す。

たとえば、太陽と地球のあいだには万有引力が働いており、この力のために両天体はたがいに引き合うが、その結果として加速度を生じる。この加速度が地球の公転運動を生みだすのである。また、太陽が地球を引く力と地球が太陽を引く力とは、大きさが同じだが、向きがたがいに逆となっている。

## 万有引力の発見

ウールスソープへペストをさけていたときのエピソードのひとつが、よく知られたリンゴの実が落ちるのを見て万有引力を発見したという話である。リンゴが地面に落ちて音を立てたのに気づいて空を見上げたとき、月がかかっていたという。そうして、ふと月はなぜ落ちてこないのかと考えたことから、万有引力の法則についての着想が浮かんだのだという。

しかし、万有引力の発見にとって重要な手掛かりを与えたのは、ケプラーの第三法則であると考えられている。この法則が成り立つためには、たとえば太陽と地球のあいだに働く力は、両天体の距離の二乗に逆比例していなければならない。また、ニュートンの第二法則によると、この力は太陽からみれば地球の質量に比例しているはずである。逆に、地

ニュートンの反射望遠鏡

球からみれば太陽の質量に比例していなければならない。このような思考過程をへて、ニュートンは万有引力の法則を発見したのであろう。実際、二つの物体間に働く力は、両物体の質量同士の積を、両物体間の距離の二乗で割った結果に比例するのである。このときの比例定数が万有引力定数、または重力定数とよばれる普遍定数で、ニュートンがはじめてその大きさを求めている。

ニュートンは、ウールスソープにもどっていたあいだに大きな発見をしたわけだが、ケンブリッジ大学でそれまで研究していたのは、主として光学にかかわることがらであった。

## ニュートンと光学研究

光学は、私たちの目にみえる光、つまり可視光がみせるいろいろな現象の研究をする学問である。この方面における彼の有名な研究は、反射望遠鏡を考案し製作したこと、太陽光をプリズムを用いて七色の光の帯に分け、それをスペクトルと命名したこと、また、虹とその色が形成される機構を明らかにしたことなど、多岐にわたっている。

彼のアイデアによれば、光は微粒子の集団からなるもので、微粒子にはそれぞれに固有な「fit」とよぶ物理量があり、それが光の色を作るものとされた。現代流にいえば、この物理量は光の振動数（周波数ともいう）にあたる。光学現象の研究成果について、彼は『光学』と題した本を晩年になって出版している（一七二四年）。光学の研究は、ケンブリッジ大学でニュートンの師であったジョン・バローの仕事を引き継いだもので、彼が教授職から身を引いて、ニュートンがその後、教授となったのであった。

### 万有引力の法則と軌道運動

ニュートンの時代には、たとえば地球と月とのあいだの距離も正確にはわかっていなかった。そのため、ニュートンは、当時、王立天文官（Astronomer Royal）で、グリニッジ天文台長であったフラムスティードから、月の観測結果など最新のデータを分けてもらったりしながら、万有引力の法則の検証に利用したりしている。この法則については、太陽や地球のように大きさのある物体に対し、どこに基準点をとったらよいかわからなかったので、この法則の成立については確信していたものの、彼は二〇年あまりを、その検証に費やしている。

彼が数学的に明らかにしたのは、たとえば地球の表面重力の強さを求めるのに、地球の全質量が地球の中心の一点に集中したものとしてあつかってよいという重要な結果であった。したがって、地球と月のあいだに働く万有引力は、地球の中心と月の中心とを結ぶ距離の二乗に逆比例するとしてよいことになった。また、これらの中心に、地球と月の全質量がそれぞれ集中しているとできたのである。地球周囲の重力場が、地球の中心に全質量が集中したとして数学的に計算できるような性質を、ニュートンはニュートン・ポテンシャルと現在よんでいる。この性質が証明できてはじめて、ニュートンは自分で発見した万有引力の法則にもとづいて、惑星や彗星の軌道運動について、自信をもって立ち向かうことができるようになったのであった。

## 『プリンキピア』の革命性

物理学の歴史において、ニュートンが定式化した力学に関する三法則と万有引力の法則は、最も重要な学問的達成のひとつであるといってよい。彼が構築した力学の体系は、古典力学と現在よばれる学問の基礎となっており、現代物理学の根幹をなす相対性理論と量子力学が考慮される必要のない領域では、現在でも十分に正しいことが示されている。

ニュートンは一六八七年に『自然哲学の数学的原理』（『プリンキピア』と略称）を出版し、ユークリッドの『幾何学原本』に展開された演繹的な手法によって、この力学の体系について構築してみせた。微分積分の方法をみつけていながら、幾何学的な方法にこだわったのであった。彼の宇宙像は、現代風にいうならば力学的宇宙像であって、基本には万有引力が想定されている。したがって、宇宙空間に点在する星々のあいだには相互に万有引力が働くことになり、彼の宇宙像で星々の空間分布を説明するためには、「神の最初の一撃」を要請する必要があった。この一撃により、万有引力に抗って星々が宇宙空間に散りばめられることになったのである。

この要請は、現代の宇宙像におけるビッグバンによく似ているといえよう。ニュートンの宇宙像は星々が構成するもので、現在のように星々の集団である銀河群が構成するものではなかった。そうではあっても、彼の宇宙像は、はじめて科学を背景として創造されたものであった。『プリンキピア』としばしば略称される一六八七年に出版された著作では、万有引力の働き方の機構について、

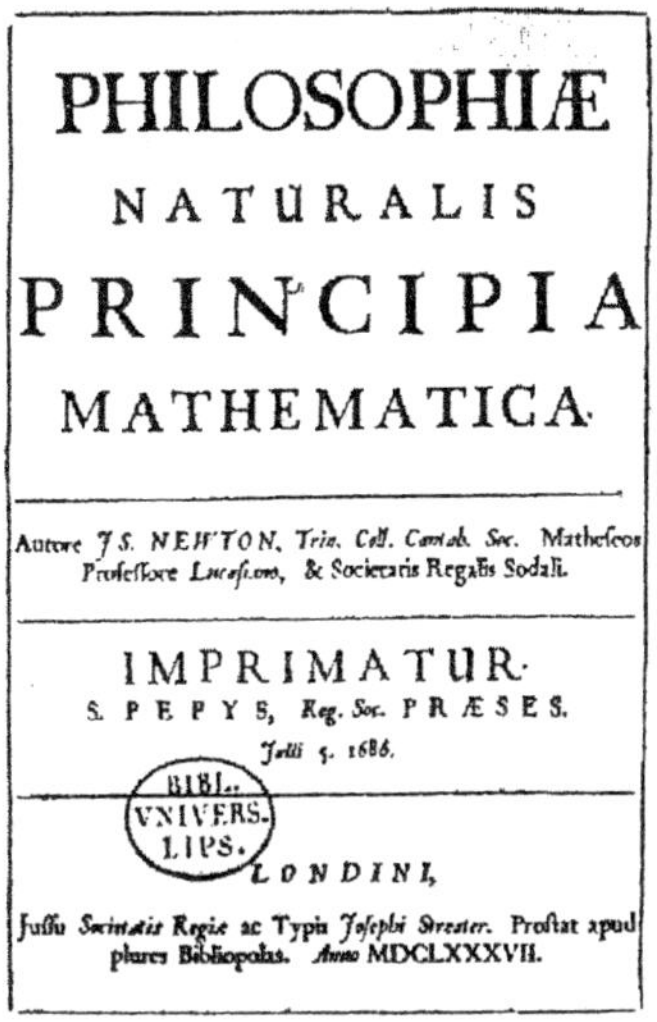
PHILOSOPHIÆ
NATURALIS
PRINCIPIA
MATHEMATICA.

Autore JS. NEWTON, Trin. Coll. Cantab. Soc. Matheseos Professore Lucasiano, & Societatis Regalis Sodali.

IMPRIMATUR.
S. PEPYS, Reg. Soc. PRÆSES.
Julii 5. 1686.



LONDINI,
Jussu Societatis Regiæ ac Typis Josephi Streater. Prostat apud plures Bibliopolas. Anno MDCLXXXVII.

ニュートン『プリンピキア』表紙

彼がいうように仮説を用いていない。彼にとって重要であったのは、万有引力の数学的表現であって、その表現が導かれる理由についてではなかった。ここのところに、ニュートンが採った科学の方法における革命性がある。

## 天球概念の消滅

先に、ニュートン・ポテンシャルにふれたが、これにかかわった証明に、ニュートンは二〇年ほどの期間を必要とした。この証明ができてはじめて、彼には『プリンキピア』の執筆が可能となる条件ができたのだが、実際には、ハレー彗星でよく知られたハレーとの出会いが決定的であった。彗星の軌道運動について質問したハレーに、ニュートンが正確な答えを与えたことから、執筆のきっかけができたというのである。

ニュートンの宇宙像には、天球の概念はすでにない。星々は宇宙空間のいたるところに広がって存在していたし、惑星や彗星は、ケプラーの法則にしたがって、軌道運動をしていた。ケプラー運動は、二天体間に働く力が距離の二乗に逆比例している場合に、必然的に帰結するものだったのである。

次章でのべるように、宇宙が無限の彼方に開いていることは、ガリレオがすでに見出していた。彼の場合も星々の宇宙であったが、有限な広がりの天球はもはや存在しなかった。

万有引力の作用のもとに形成された宇宙像は、ニュートンが創造したものだが、二〇世紀に入って、アインシュタインが建設した一般相対論にもとづく宇宙像も、重力場を基本にしているのである。

#「閉じた」宇宙像から「開いた」宇宙像へ

# 天球概念と「閉じた」宇宙像

## 天球概念と望遠鏡

現代に生きる私たちも、地球が太陽のまわりを公転しているのだと教えられていても実感できない。私たちにとっては、いまでも大地は不動であり、太陽は東の空に朝昇ってきて、夕に西の空の向こうに沈む。古代や中世の時代に生きた人びとにとっても、やはり大地の不動は当然のことであった。

現代にあっても、闇夜の空に散らばる星々は非常に近くにあるように見え、手をのばせば届くかのように感じられる。私たちの目は、これらの星々までの距離を計るには距離の点から不可能で、わずか数百メートル先に散らばっているかのように見てしまう。しかも、星々までの距離はすべて同じに見えるので、星々が天蓋《てんがい》のようなものに散りばめられているかのように、私たちに感じられることになる。星々が点在する天球の概念は、こうした私たちの錯覚から生まれたのであろう。

星々が散りばめられている天球のもとに大地が広がり、そこが人間や他の生き物の棲家であった。また、太陽や月、五つの惑星たちは、この天球上を移動する存在であった。天球の概念が崩れ去るには、星々の実像がどんなものであり、また、星々までの距離がどれほどなのかについて知る手掛かりが必要であった。そのためには、望遠鏡の発明とそれによる天文観測がなされねばならなかった。望遠鏡を用いた星々の観測結果は、これらの天体がきわめて遠い存在であることを示した。これにより、星々の宇宙の大きさは、一挙に無限大といえるものにまで広がったのであった。

## 地球不動説の天球

地球が球形をして、宇宙空間に浮かんでいる存在であることは、古代ギリシャの時代にすでに知られていて、アリストテレス・プトレマイオスの宇宙像に取り入れられている。この宇宙像では、最外層に星々を散りばめた天球があり、その中心に地球が置かれていた。地球は不動の存在で、宇宙の中心に位置していた。地球と星々の天球とのあいだに、太陽・月、当時知られていた五惑星が、それぞれの天球に張りついて地球の周囲をまわっていた。

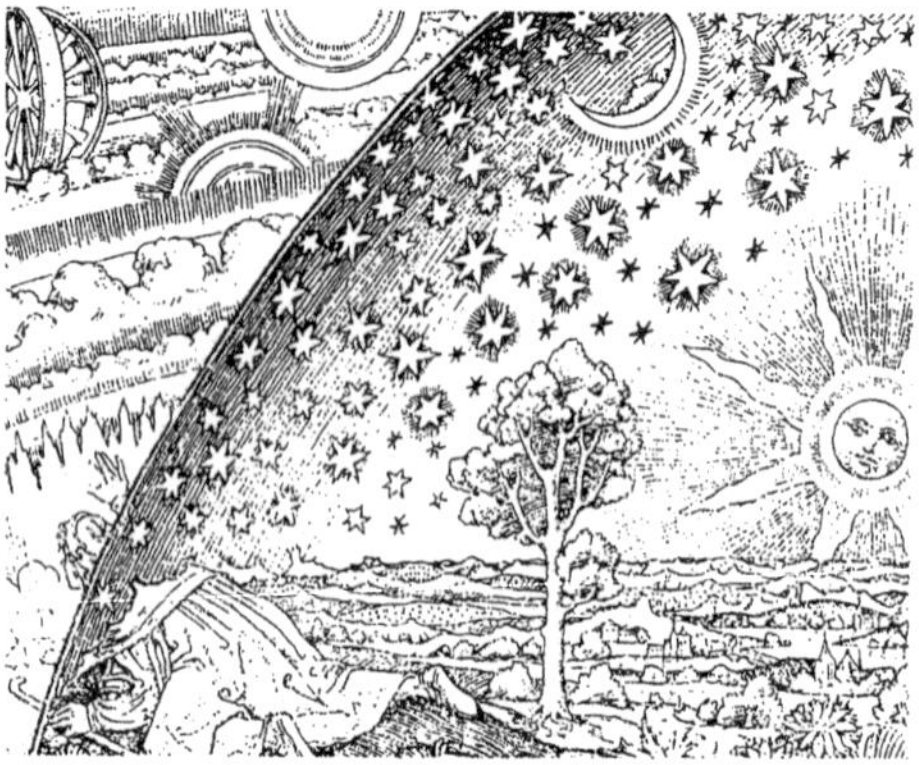

中世人が描いた天界の構造

地球に一番近い天球には月が、次いで水星・金星・太陽・火星・木星・土星の順に地球から離れた天球上にのっていた。月がのった天球より地球に近い側には、地球の大気が広がっているとされた。この宇宙像では、七個の天球が地球と星々を散りばめた天球のあいだに収まっていた。これらは透明な天球であった。

星々を散りばめた天球は、地球に対して不動であるとされたために、地球からみて星々の位置が方向を変えることはなかった。地動説をとれば比較的近くに設定された天球上の星々は、半年の時間をはさんで眺めたとき、方向がかなりちがってみえるはずである。この年周視差といわれる現象は、大地が不動であれば起こるはずがなかった。

**コペルニクスの宇宙像**

コペルニクスによる太陽中心説、つまり地動説では、地球と太陽の位置が入れ換わっているだけでなく、太陽を公転する地球の衛星に月がなった。星々を散りばめた天球は、太陽からあまり遠くにあるとは考えられなかったために、地球の公転による年周視差がみられるはずであった。このようなことが起こらなかったために、コペルニクスはこの点について困惑している。

この難点をさけるには、星々を散りばめた天球が、無限ともいえる距離まで遠く離れた存在でなければならない。こうすると土星の天球と星々の天球とのあいだがあまりに広大なものとなり、そこが空虚であることは許容しえないことなのであった。当時は、天王星・海王星・冥王星といった惑星たちはみつかっていなかったし、これらの存在は予想さえされていなかった。これらの惑星は天体望遠鏡による観測からのちにみつかるのであって、コペルニクスの「閉じた」宇宙像には、その存在は想定されていない。

コペルニクスの宇宙像は、周転円もプトレマイオスより多く必要としたように、いろいろな難点をふくんでいたが、現代の私たちが持つ太陽系の構造により近いものなのであった。また、地球が宇宙の中心にはないことを示し、地球の存在が相対化された。地球の宇宙における位置が絶対なものではなくなったのであった。その点で、現代の宇宙観にいたる道を、コペルニクスの宇宙像が開いたといえるのである。

このコペルニクスの宇宙像、いい換えれば、太陽中心説は、地球という天体が、この宇宙の中で、特別な位置を占めるものではないことを明らかにしたのである。

# 「開いた」宇宙像と天体望遠鏡

**望遠鏡と無限の宇宙**

コペルニクスの宇宙像とアリストテレス・プトレマイオスの宇宙像は、太陽と地球のどちらに中心をおいて、その周囲に広がる宇宙の構造を構成するかという、宇宙を見る基準点のとり方によるちがいであって、どちらをとるかについて観測的な証拠があったわけではなかった。コペルニクスの宇宙像によって、宇宙の構造がより自然で、より簡単な構成になったというわけでもなかった。

コペルニクスの宇宙像の方が真実に近いことは、ケプラーが自らが見出した惑星運動に関する三法則から見出した結果によるのであって、コペルニクスの『天球の回転について』が出版されてから五〇年以上たった一六〇九年以降のことである。ガリレオはケプラ

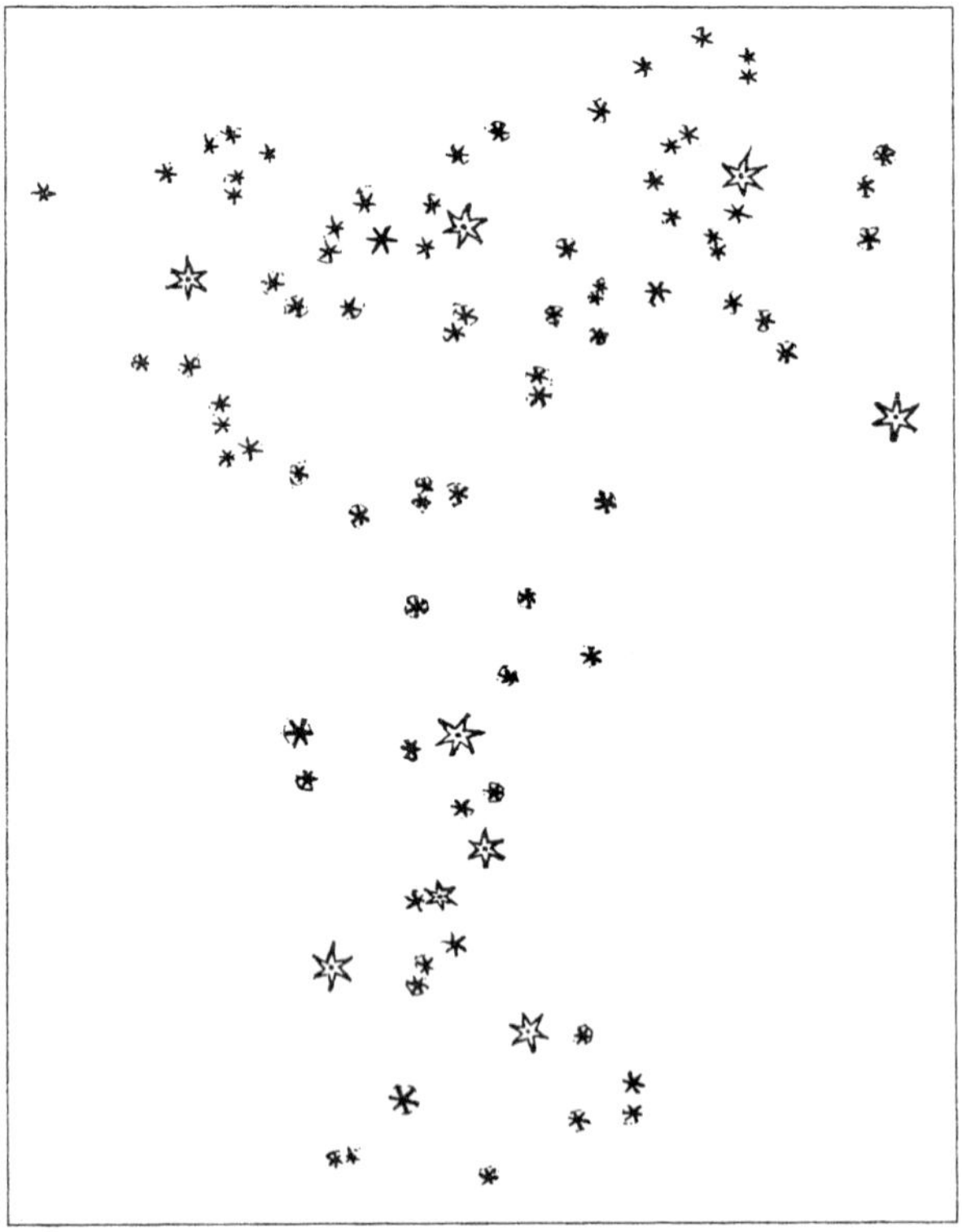

ガリレオがスケッチしたプレアデス星団

ーとも手紙のやりとりをしていたので、ケプラーの研究結果についても、当然知っていたにちがいない。

ガリレオは自作の望遠鏡を用いて、月・金星・木星・土星・太陽などの天体を観測して、金星の満ち欠け、木星の四衛星の存在とその運動、太陽黒点、月の山や海などの発見をした。これらの発見に加えて、天の川が星々の集団であることも明らかにした。彼は星々の観測結果から、肉眼では光が弱すぎて見えない星々も多数あることを、望遠鏡によって見出している。

星々の宇宙が、これら天体の空間分布からみて大変に奥行きが深いこと、いいかえれば宇宙空間が無限と考えてよい広がりをもつことが、ガリレオによって見出されたのであった。これらの星々が太陽と同じような光り輝く天体であるとの考えから、宇宙が星々に満ち溢れた構造をもつことが明らかとなった。彼は望遠鏡による観測結果を、小さな本『星界の使者』にまとめて、一六一〇年に出版した。

## 木星の四衛星の発見

すでにふれたように、彼は木星の四衛星を発見し、観測のたびにそれらが位置を変えていることから、これら衛星が木星の周囲を公転していることに気づき、この事実が、彼にとってはコペルニクスの宇宙像を支持する有力な根拠となった。この位置変化も、先に引いた小さな本に詳しく記載されている。彼が発見した四衛星は、現在ガリレオ衛星とよばれている。これら四衛星の名前は、現在、イオ（Io）、エウロパ（Europa）、ガニメデ（Ganymede）、カリスト（Callisto）とよばれている。これらの名前はすべてギリシャ神話に由来したものである。

ガリレオが構想した宇宙像は無限の奥行きをもったものなので、天球は無限の彼方にまで遠のいてしまっている。この無限に広がる宇宙空間に星々は散らばって存在することになり、宇宙は無限遠方に「開いた」ものとなった。有限の広がりに宇宙を閉じこめていた天球は、無限の彼方に後退してしまったのであった。

## ブルーノと宗教裁判

このように無限に広がった宇宙には、太陽と同じように惑星系をもつ星々が存在する可能性があった。ガリレオより少しだけ時期的に早かったが、太陽系のような惑星系の存在と、地球のように生命を育む天体の存在について、ジョルダーノ・ブルーノがのべている。彼は一五八四年に『無限、宇宙および諸世界について』と題した書物を出版し、コペルニクスの宇宙像に描かれた宇宙が無数にあることと、地球外生命の可能性についてのべている。

ブルーノの場合には観測的な証拠はなかったが、コペルニクスの場合のような、閉じた

ブルーノ（1548-1600）

イタリアの哲学者．1583年から1585年にかけて，ロンドンに滞在．『無限，宇宙および諸世界について』を出版．コペルニクス説と無限宇宙論により，近代的宇宙像の形成に寄与．1600年にローマで火刑に処される．

有限の天球は存在しないと断じ、コペルニクスが描いたような宇宙が無限に存在するのだと論じたのであった。コペルニクスの場合には、その宇宙は現在のいい方では太陽系にあたるが、ブルーノは星々の宇宙を想定していた。

一五世紀半ばごろスペインに端を発した異端審問は、約一世紀後にはヨーロッパのほとんど全土にわたっていた。ガリレオが宗教裁判にかけられたのも、彼が支持した異端の説、つまりコペルニクスの宇宙像の支持にかかわっていた。このことについては前にのべた通りだが、ブルーノも、コペルニクスの宇宙像を支持したためにこの審問にひっかかり、彼の場合は一六〇〇年にローマで火刑に処されている。

ローマ教会がその基盤としていた聖書に反するコペルニクスの宇宙像は、到底容認されるものではなかった。一六一六年に宗教裁判に付されたガリレオが、太陽中心説を放棄するよう宣誓させられたあとで、法廷を去るときに「それでも、地球は動く」とつぶやいたといわれているが、実際にはなかったにちがいない。もし、このようなつぶやきが審問にあたった人たちに聞こえていたら、彼の運命もブルーノと同様のものだったことであろう。

宗教裁判の結果幽閉中の身でありながら、ガリレオは一六三二年には『天文学対話』をオランダで出版し、このなかでも、コペルニクスの宇宙像を支持している。現在の研究成果からみると潮汐の説明など誤りもあるが、当時の科学水準では仕方がなかった。潮汐については、ニュートンにいたってはじめて正しく理解されたのであった。

# 星々の宇宙と天の川銀河の構造

## ハーシェルの望遠鏡観測

天の川銀河が星々の集団によって形成されていることは、ガリレオによ り明らかにされた。しかしながら、天の川銀河の構造、星々の運動、星団の空間分布、銀河全体の運動などが観測から明らかになるのは、二〇世紀の前半のことで、随分と新しいできごとなのである。

もちろん、天の川銀河の構造を推定する試みはもっと早くからあった。一八世紀の後半に、ドイツのハノーヴァーからイギリスへ移住したウィリアム・ハーシェルは、もともと音楽家であった。天文学には素人であったが、イギリスのバースへ移ってから、大型の反射望遠鏡を自分で設計・製作し、音楽家として生計を立てながら、天文観測を条件が許す

天の川銀河の中心方向

かぎりおこない、夜ごとに観測に打ちこんだのであった。

一七七四年には焦点距離五・五フィートの天体望遠鏡を、ついで一七八九年には口径四フィート、焦点距離四〇フィートの大望遠鏡を製作して、鏡筒の先端から天体の観測ができるように工夫した。筒頂が高くなるため観測の操作は簡単ではなかったが、自分の目で全天の星々を捕まえる、体系的な掃天観測を試みたのであった。彼のこの事業には、妹のキャロラインの献身的な協力があった。

この掃天観測においてハーシェルが研究のテーマとしたのは、宇宙における星々の空間分布を求め、宇宙の構造を決めることであった。この空間分布を知るには星々ま

ハーシェルの大望遠鏡

での距離がわからなければならないが、これについての手掛かりがえられなかったので、星々の数を特定の方向について計量し、この数の方向分布を求めることを試みた。このような試みを一七八三年に開始した彼は、この方向分布を星々の空間分布が一様だと仮定して、星々の数の空間分布について平均密度を求め、それから宇宙の構造を推定した。

### ハーシェルの宇宙円盤説と星雲・星団の観測

一七八四年には早くも「天界の構造について」と題した論文を発表し、そのなかで天の川銀河を中心とした宇宙円盤説を提唱した。それによると、宇宙の構造は太陽をほぼ中心とした円盤状のもので、差しわたしが約五五〇〇光年、厚さが約一〇〇〇光年とされていた。星々の空間分布は均一等方ではなく、さそり座からはくちょう座の方向にかけては、星々の存在領域が二本に分岐しており、その間には星々が相対的に少ししかないとされていた。

星々の計量に関わる仕事とともにハーシェルがしたのは、星雲や星団のカタログを作る仕事であった。このようなカタログ作りでは、フランスのシャルル・メシエの仕事が有名で、星雲や星団にM1とかM13のようにMをつけてよばれるものがあるが、これはメシエのイニシャルをとったものである。M1は、一〇五四年七月四日未明に爆発が観測された超新星の残骸で、その形状から、かに星雲とよばれている。太陽の何倍もある大質量の星

球状星団 M 13

は、一生の最期に大爆発を起こし、一億倍以上も明るくなるので、すごい星が誕生したかのように想像されて超新星とよばれるようになっている。このような呼び方は現在でも使われている。

星雲や星団を観測してカタログ作りをする仕事は、のちに息子のジョン・ハーシェルやロス卿（ウィリアム・パーソンズ）に受け継がれている。アンドロメダ星雲（M 31）が、星々の集団である天の川と同等の銀河であると確認されたのは、二〇世紀に入ってからのことであった。

ここで、ウィリアム・ハーシェルの他の仕事についてふれておこう。彼を有名にした最初の大発見は、じつは天王星の発見で、一七八一年三月一三日のことであった。土星より遠くにある惑星の存在が明らかとなり、太陽系の大きさはそれまでの二倍に広がった。土星に二つの衛星があること、天王星にも三個の衛星があることも見出している。また、二重星の観測と研究もおこなっている。

## 変光星と銀河の構造

先にちょっとふれたように、アンドロメダ銀河が天の川銀河の外にある星々の集団であることは、一九一二年にヘンリエッタ・リービットにより、セファイド（ケフェウス）型変光星の真の明るさと変光の周期のあいだに、ある決まった関係のあることが発見されてのちに、この銀河中にこの種の変光星のあることがわかり、そのデータから明らかとなった。それによると、アンドロメダ銀河は一〇〇万光年ほど遠いところにあった。

天の川銀河の構造は、この銀河に散らばって存在する球状星団中のセファイド型変光星の観測から、当時ハーバード大学天文台にいたハーロウ・シャプレーにより明らかにされた。彼は、リービットの発見に基づいて、球状星団の空間分布について、観測により調べたのであった。その結果、この銀河の中心から三万光年も離れたところに太陽が位置していることがわかった。球状星団が銀河の中心に対称的に球状に分布していること、また、天の川は星々が円盤状に広がって分布していることから形成されることなども明らかにな

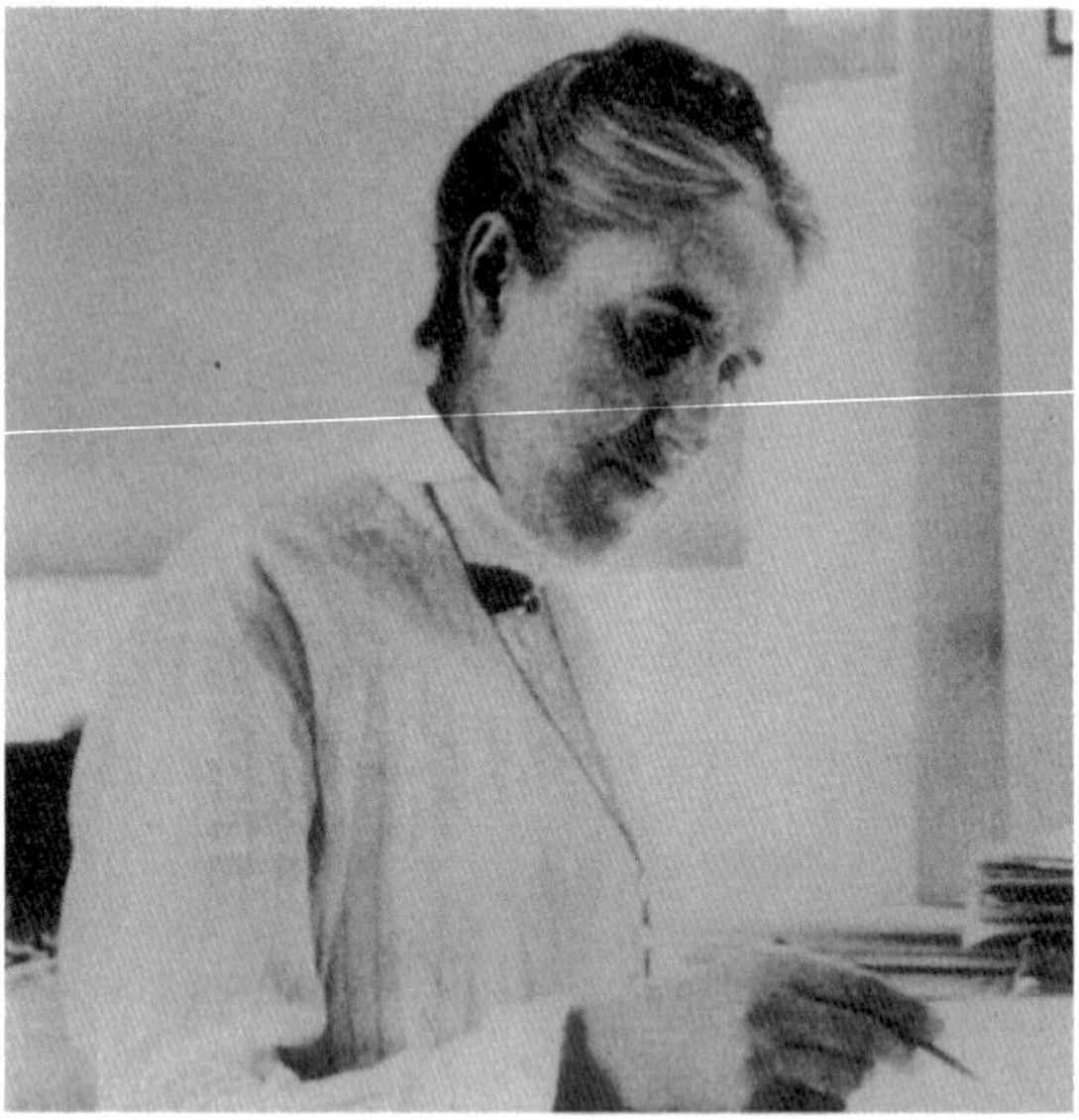

リービット（1868-1921）

ハーバード大学天文台の助手，後に写真光量測定部門の主任．セファイド（ケフェウス）型変光星の周期・光度関係を発見．この関係が，後にシャプレーによって利用され，天の川銀河の構造が決定された．

シャプレー（1885-1972）

アメリカ生まれ．1921年にハーバード大学教授，同大天文台長．球状星団の空間分布から天の川銀河の構造を決定した．

った。一九一〇年代の終わりごろのことである。

「宇宙における太陽の地位」の章で二大星流説についてふれたが、これが天の川銀河の回転によることが、オランダのオールトによって一九一八年に理論的に示された。この銀河の構造が、球状星団や高速度星の運動のパターンからすでに明らかにされていたので、回転に対するアイデアが生まれたのであった。いまのべた高速度星は、天の川銀河の円盤にほぼ垂直の方向に高速度で運動している星である。

## 星々の種類とバーデ

星々には、元素組成・質量・明るさなど基本的な性質を異にする種族があり、これらには三種類あることが、現在確認されている。天の川銀河の円盤状領域におもに分布する、相対的に質量が大きく明るい星々は種族Ⅰに分類される。球状星団の星々は相対的に質量が小さく暗い。これらの星々は種族Ⅱに属し、種族Ⅰの星々に比べ、大部分がずっと老齢であることが明らかにされている。種族Ⅲの星々はきわめてわずかしか存在しないが、宇宙誕生初期に形成された生き残りである。太陽は種族Ⅰの星である。

一九五二年になって、セファイド（ケフェウス）型変光星にも種族によるちがいが、真の明るさと変光周期とのあいだの関係にあることが明らかになった。種族Ⅱに属する変光

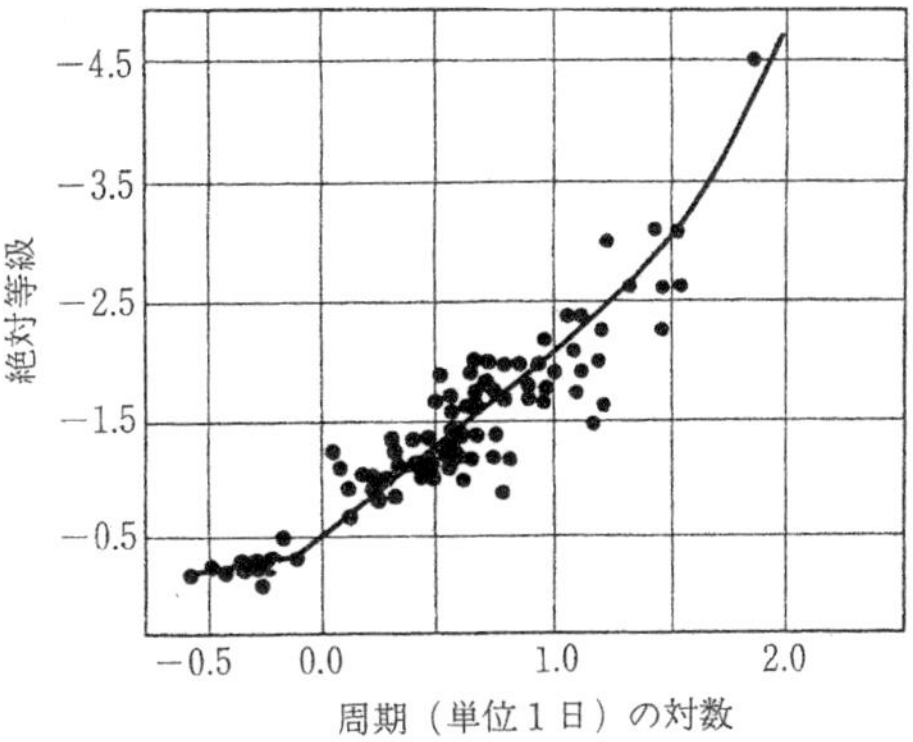


セファイド型変光星に見られる周期・光度関係（a）（リービットによる）

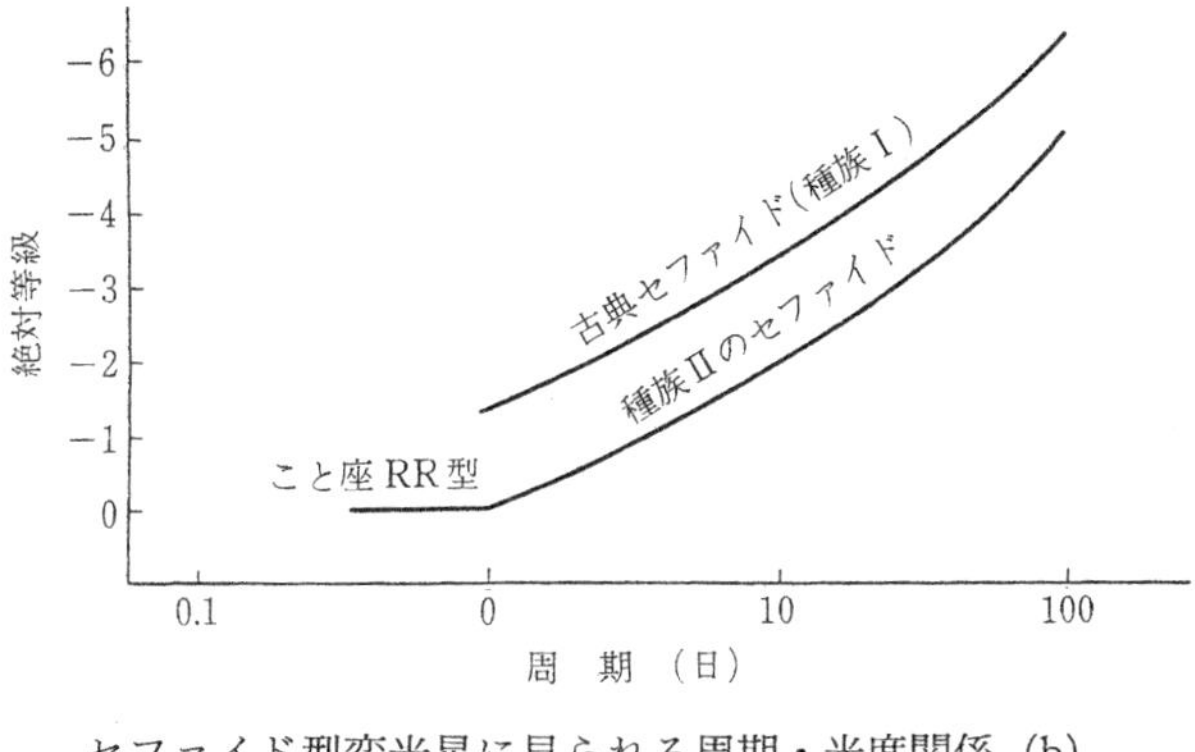


セファイド型変光星に見られる周期・光度関係（b）

星の方が、種族Ⅰのものに比べて、同じ周期でも一・五等も暗かった。かつて観測されていたのは種族Ⅰの変光星であったが、明るさのちがいが種族によることが不明であったために、アンドロメダ銀河までの距離が一〇〇万光年とされていたのである。バーデが一九五二年にこの距離を二〇〇万光年としたのは、種族Ⅰのセファイド型変光星の方が真の明るさが大きいのに、暗い方に同定していたためであった。じつは、星々に種族があることを発見したのもバーデで、一九四四年のことであった。

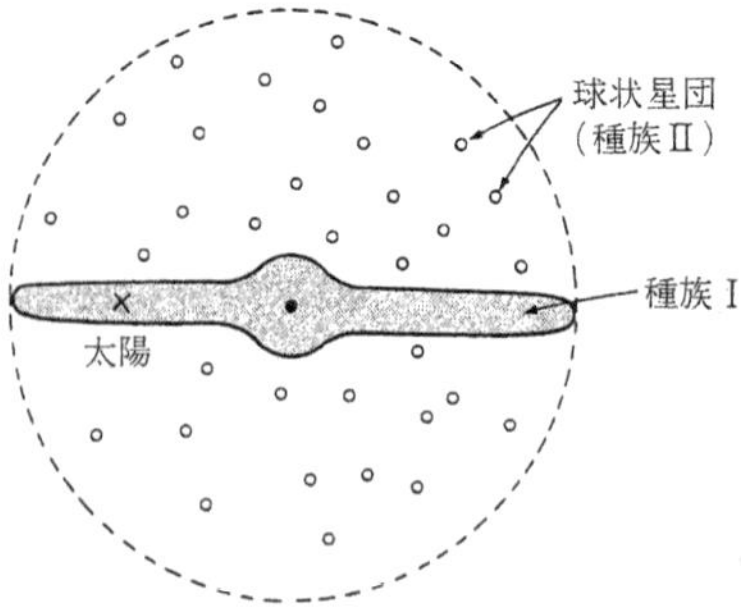


天の川銀河の構造（a）
天の川銀河を円盤領域に沿ってみた姿．球状星団が球状に分布しているのがわかる．

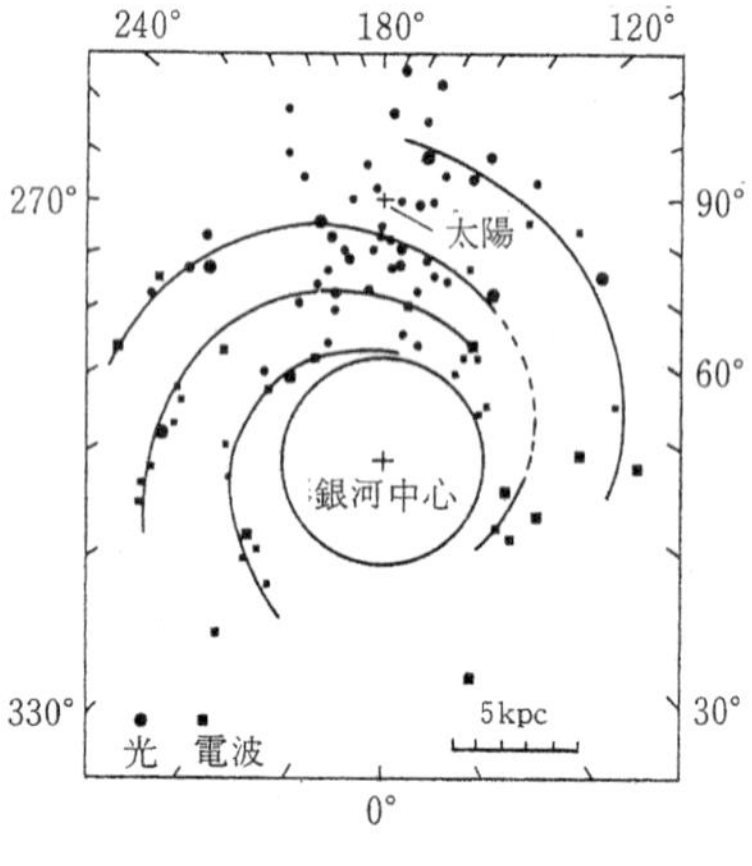


天の川銀河の構造（b）
銀河の北極から天の川をみた姿．星や星間のガスから成る腕（アーム）のあるのがわかる．

彼はドイツからアメリカへ移住した人で、第二次大戦中は、敵性アメリカ人として軍事研究などでアメリカ政府に協力できず、ウィルソン山天文台で天文観測に従事していて、このような大発見をなしとげたのであった。

天の川銀河の構造がわかったのは、いままでのべてきたことからわかるように、二〇世紀の半ばすぎのことで、天文学の歴史上で随分新しいことに属する。

# 「進化する宇宙」のアイデア

# 宇宙の進化

### 星の輝きとエネルギー

星々は、周囲の空間へ向けて休むことなく光を放射しつづけている。この光のエネルギーは、星のどこから供給されているのであろうか。このエネルギーは、星の表面から放射されて、いったん周囲の空間へと放出されたら、二度とその星にもどることがない。したがって、星の内部で光エネルギーは創出されていなければならない。

星々は光エネルギーを放出しつづけているのだから、星の内部構造には何らかの変化が常に起こっているにちがいない。この変化が、星全体の収縮による重力エネルギーの解放にかかわっているとの仮説が、一八五四年にヘルムホルツによって提出されている。この仮説が、星のエネルギー源についての最初のアイデアであった。

日常経験することだが、たとえば手にしたボールを静かに離すと、大地に向かって自然に落下する。落ちながら、ボールは速くなっていく。このことは、ボールは最初の位置にあったときに持っていた重力エネルギーを、運動のエネルギーへと転換させていっていることを意味する。

星が収縮していく場合には、星を作る物質が、ボールと同じように重力エネルギーを解放して、その物質自体の運動エネルギーの増加を導く。このエネルギーが光エネルギーに変換されて、星を輝かせることになる。

## 星の内部構造の変化

このヘルムホルツのアイデアでは、無限に広がったガスが重力の作用により凝集して、たとえば現実の太陽の大きさになったとしたとき輝きつづけられる期間は、せいぜい二〇〇〇万年ほどと見積もられた。同様のアイデアは、同時代に生きたイギリスのウィリアム・トムソン、のちのケルビン卿によっても提唱されている。ところが、地球上の生命の進化には、少なくとも四億年という長い期間が必要であることが、一八五九年にダーウィンによって示された。

太陽よりも地球の方が年齢が古いという、受け入れがたい結果は、トムソンには我慢ならないものであった。彼はダーウィンの生物進化に関する仮説を猛烈に非難することになったが、二〇世紀に入ってすぐに、放射能の現象に関する研究から、正しいのはダーウィンであることが明らかにされた。

星が内部構造を時間とともに変化させていくというアイデアは、星自体が進化していくこと、したがって星々が作る宇宙も進化することにつながっていたのであった。星々が進化するというアイデアは、星々に観測されるみかけの色がなぜ作られるのか、という疑問にもかかわっていた。

現在では、星のこのみかけの色は、星の大気の温度によって決まること、またこの温度が星の質量によって決まることが、理論的に明らかとなっている。星のエネルギー源は、この星の質量に密接にかかわっているし、星の進化の過程にもかかわっているのである。

# ダーウィンの進化論の影響

## ダーウィンとウォレス

ヨーロッパ世界が拡大していくきっかけは、コロンブスが一四九二年にアメリカを発見したことにはじまる、大航海時代の幕明けである。一四九八年には、アフリカの最南端にある喜望峰をまわってバスコ・ダ・ガマがインドのカリカットに到達、東洋航路を開いている。以後、ヨーロッパではルネサンスと宗教改革の進展のなかで、東に西に海洋航路が拓かれていった。

東洋および新大陸アメリカに広がっていったヨーロッパの人びとにとって、これらの新天地は珍しい動物や植物に溢れていた。海外からの貿易によるこうしたヨーロッパ世界に産出しないものの流入は、未開拓の世界へ人びとの強い関心を生みだし、自然界に対する

ダーウィン (1809-1882)

イギリスの博物学者．1858年にA.R.ウォレスとともに生物進化論を発表．1859年に『種の起源』を出版，進化の原因が自然選択にあると提唱．『人間の由来』『ミミズと土』『サンゴ礁』など多数の著書がある．

博物学的な面からの探検がなされるきっかけとなった。

一九世紀に入ったころには、ヨーロッパから多くの人びとが、動物や植物の珍しい標本を求めて、東アジアや南アメリカなど未知の世界へと乗りだしていった。進化論の提唱で有名なダーウィンも、ウォレスも、そのような人びとに属する。

ヨーロッパという狭い地域から、地球全体に広がった探検熱は、他方で、この自然世界全体の統一的な見方を生みだす契機ともなった。このような見方は、「コスモス」の思想とでもいってよいであろう。地球の構造からはじまって、地球上に棲息するあらゆる生き物とその生態、大気現象、さらには天文現象にまでわたる自然界全体の統一像が、この思想のもとに追求されていった。デカルトが試みた、生命から宇宙までを包む自然哲学の原理が、自然界の詳細にわたる観察や観測に立った宇宙像、コスモス（Kosmos）へと受け継がれたのであった。

**コスモスの思想**

このコスモスについてはじめて統一的な描像を築きあげたのは、アレクサンダー・フォン・フンボルトであった。彼は『コスモス』と題した書物を一八四五年に出版し、彼によってなされた世界各地への探検の成果が、これに集大成されている。世界各地へ植物・昆虫・鳥・獣など、いろいろな生き物の標本の収集を目的とした人びとがでかけていったのは、自然誌（Natural History）が、国家のレベルで注目されていたからであった。

生き物の多様な標本や、探検の現場で生き物たちの生態を観察することから、生物種の概念が具体性をもって確立され、生物種間にみられる変異などから、これらの種の起源について考察がめぐらされるようになった。

## ダーウィニズムと自然界の進化

ボルネオのサラワクに生物採集のために滞在していたウォレスが、生物進化の機構についてひとつの仮説に到達したのは、一八五八年のことであった。彼からその仮説について知らされて、ダーウィンが大きなショックを受けたことは、よく知られているであろう。両者の共同発表として、生物種の起源にかかわる機構の提唱者に名を列ねて、名誉を確保した彼は、翌一八五九年に『種の起源』を出版した。生存競争による適者生存の機構が進化の要因であるとした進化論は、しばしばダーウィニズムとよばれている。

現在でも第一級だといわれる科学雑誌『ネイチャー』（*Nature*）を創刊したノーマン・ロッキャーは、一八九〇年に星の進化の経路について、ひとつの仮説を公表している。星は隕石様の冷たい物質から誕生し、次第に温度を上げて明るく輝くようになり、その後、温度が下がるにつれて、冷たく凝集した状態となって一生を終えるのだ、というモデルであった。進化する星というアイデアは、ゼルナーによって一八六五年にまず提唱されているが、この進化の概念は、生物進化論から触発されたのではないだろうか。

ダーウィンにより生物進化論が世に問われて以後、長い時間軸を考慮したあつかいが、自然現象においてなされるようになった。自然界のあらゆる物が進化するものと想定されるようになり、ついには人間が形成する社会構造にも、ある種の客観的な進化のパターンが存在するのだと考えられるようにまでなってしまった。

先にコスモスの思想についてふれたが、この思想は現代にまで受け継がれている。多くの人が提唱してきた自然科学的な世界像や宇宙像は、この伝統に立ったものである。フンボルトの構想を現在に蘇らせているのは、ドイツのウンゼルトで、彼は最近『新しいコスモス』と題した書物を出版し、宇宙から地球とその生命にまでわたって論じている。

コスモスの思想にかかわって、宇宙像や世界像を構想することは、西欧の知的伝統を形成してきているが、この流れのなかで、人間原理の宇宙論も誕生してきたのである。ここでは、神（God）の心を「読む」ことまで試みられているのだ。

# 星の進化論からみた星のエネルギー源

**星の内部構造の研究**

ロッキャーによる星の進化論について先にふれたが、星の構造がどのようになっているのかについて彼は知らなかった。星の構造が、星を作るガスが自ら重力的に収縮しようとする力と、このガスによる外向きの圧力との釣り合いによって作られることは、一九〇七年にエムデンにより提唱された。星の内部構造が、重力平衡のアイデアにもとづいて作りあげられたのである。

星の内部構造の研究においてとりあげられたもう一つの重要なアイデアは、輻射平衡である。これは、光エネルギーが、星の中心部から表面へ向かって輸送されていく際に、このエネルギーの総量に変化がないとするものである。それによると、星の内部のいたると

ラ ッ セ ル（1877-1957）

プリンストン大学出身．主な業績は，ヘルツシュプルング・ラッセル図の提案，太陽の元素組成の決定，スペクトル線の相対強度の経験則などである．1912年から1947年までプリンストン大学天文台長を勤める．

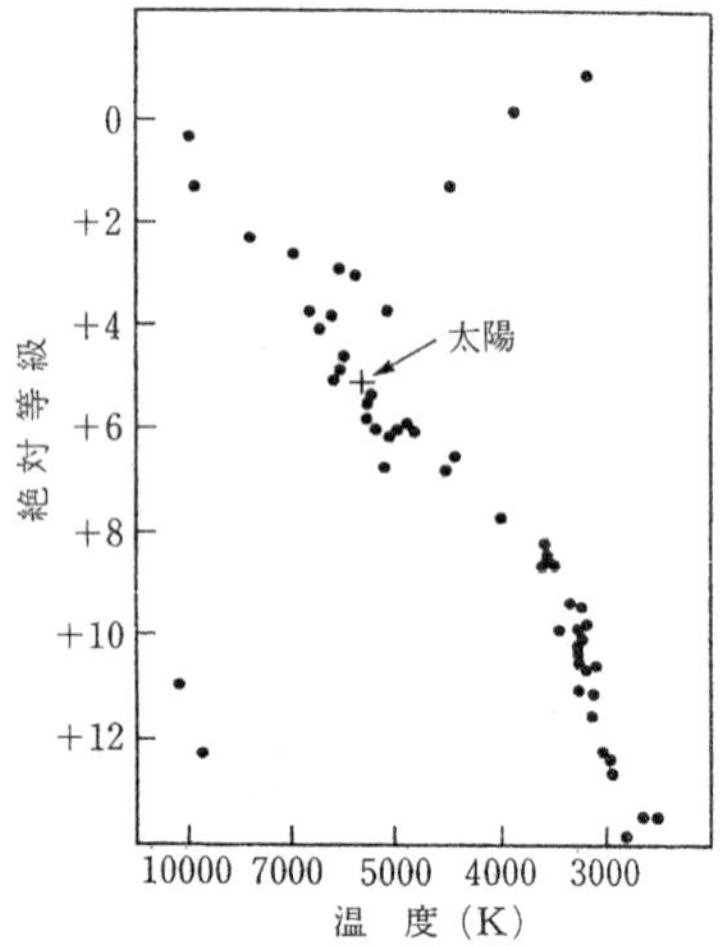


ヘルツシュプルング・ラッセル図
太陽から100光年以内の空間にある星々に対して描いた。

ころで、単位時間に任意の半径の球面を切って流れていく光エネルギー量が不変に保たれている。したがって、星の中心部にエネルギー源があり、そこで表面から毎秒放射される全光エネルギーが創出されることになる。

　このような研究にあたっては、星の内部の化学組成がどのようになっているかを問わなくてもよいが、先にみたエネルギー源や星の大きさ、質量などの決定には、この組成について知ることが必要となる。星の表面から届く光のスペクトルを分析して、化学組成を推定する試みは、先に名前のでてきたウンゼルトとアメリカのラッセルによって、一九二九年にはじめて、太陽についてなされた。

## 星の明るさと質量

　これより先ラッセルは、星々の真の明るさと表面温度とのあいだに、ある系統的な関係があることを明らかにしている。この関係は一九

エディントン（1882-1944）

20世紀最高の天文学者の一人．ケンブリッジ大学教授．1916年に星の内部構造論を確立．1924年には主系列星に対する質量・光度関係を明らかにした．1926年，不朽の名著『星の内部構造』を出版．セファイド（ケフェウス）型変光星の変光理由を発見している．

一六年に見出されたのだが、デンマークのヘルツシュプルングも、この年に同じ結果を独立にえている。この関係のグラフは、現在ヘルツシュプルング・ラッセル図（略して、H・R図）とよばれている。この関係は、星の進化の研究に重要な役割を果たすことが、現在ではわかっている。

星の真の明るさと質量とのあいだには、ある決まった関係のあることが、同じ一九一六年にエディントンによって理論的に導かれている。実際の観測データともよく合っていることが明らかにされている。この結果によると、単位時間あたりの星のエネルギー創生の割合は、質量の増加にともなって急激に大きくなるので、質量の大きい星は一生の長さが短くなる。星の進化の時間スケールが、質量によってちがうのである。

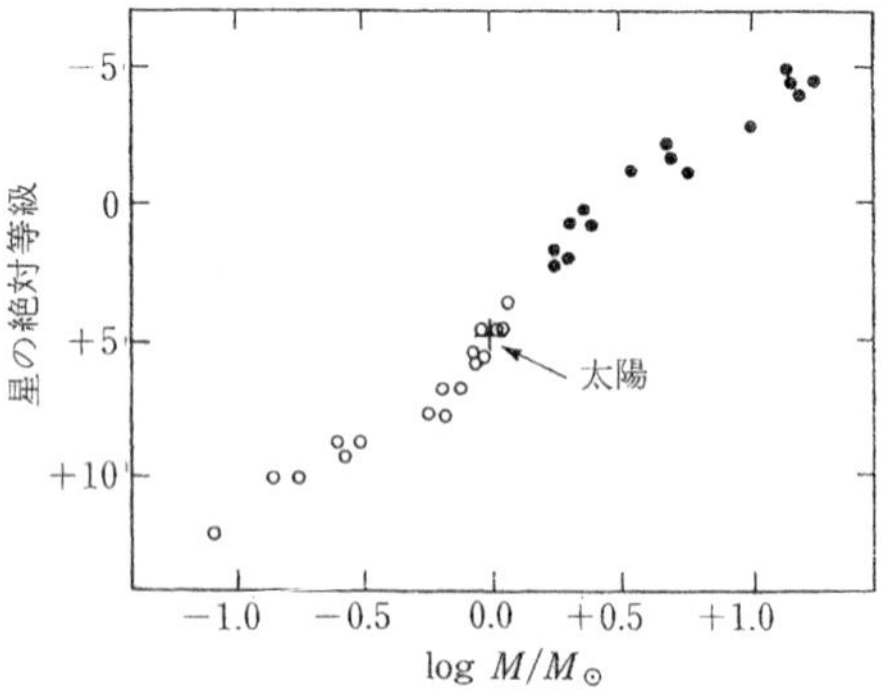

星の真の明るさと質量との関係

星のエネルギー源を、星自体の重力による収縮によるとしたアイデアでは、たとえば太陽の四六億年の年齢を説明できない。太陽の年齢がこんなに大きいことは、キュリー夫妻やラザフォードなどによる放射能の研究から、地球の年齢をあいだに挟んで推定された。星の一生の長さは星の質量によって決まるけれども、こんな長い時間にわたって輝きつづけられるためには、特別なエネルギー源が見つけられねばならなかった。

## ガモフと星のエネルギー源

星のエネルギー源が何かについての研究は、ビッグバン宇宙論の提唱で知られるガモフとその弟子たちによって、一九二〇年代の終わりごろにはじめられた。当時は、原子核物理学が誕生したばかりのころであった。ガモフのアイデアによれば、星の中心部で水素核、つまり陽子四個が、つぎつぎと融合され、ヘリウム核一個が直接の反応として生成されるはずであった。この融合反応によって、失われたごくわずかの質量がエネルギーに変換されて、このエネルギーが最終的に星の表面から放射される光エネルギーとなるとされた。

しかしながら、この直接の融合反応の起こる割合はきわめて低いことがわかり、ベーテやワイツェッカーによって、星にもともとあった炭素と窒素を触媒にして、水素核四個からヘリウム核一個を生成するCNサイクルとよばれる核反応の方が、はるかに効率のよいことが示された。一九三七年のことであった。一九五〇年代にいたって、ガモフのアイデアは、太陽のように相対的に質量の小さな軽い星で有効なことが明らかにされ、CNサイクルとともに、重要な機構であることがわかっている。

天の川銀河には四〇〇〇億個もの星が存在し、その半分ほどは太陽のように相対的に軽い星であることがわかっている。星々は水素核、つまり陽子をエネルギー源として消費していくので、星の化学組成は時間とともに変わっていく。星は年をとるのである。

## 星の一生

星にも一生があり、先にふれたように、その長さは質量の大きさによってちがってくる。また、一生の終わりに起こるできごとにもちがいがあることが、一九三一年にチャンドラセカールによって明らかにされている。太陽に比べて質量が一・四倍より大きい星は、一生の終わりに重力的に不安定な状態になり潰れてしまう。現在では、太陽の三から八倍程度の星は、潰れる際に外層部が大爆発を起こす。これが超新星爆発とよばれる現象である。星の中心部には高速に自転する中性子星が形成され、パルサーとなる。質量が太陽の約八倍より大きな星は、潰れたとき超新星となるが、周囲に非常に強い重力場を形成し、光すら外へ逃れられないブラックホールとなってしまう。

超新星爆発によって、周囲に吹き飛ばされた物質は、星々のあいだにまき散らされ、やがてその物質から次世代の星々が生まれてくる。このように、星々は現在でも天の川銀河のどこかで生まれている。この宇宙には、天の川銀河のような銀河が一〇〇〇億個もあると推定されている。これらの銀河のなかでも、天の川銀河で起こっているのと同様のことが起こっている。

## 星の核融合反応と元素の生成

星を構成するガスの大部分を占める水素が、ヘリウムを合成する熱核融合反応の進行の結果、中心部で枯渇してくると、星自体はこのヘリウムをエネルギー源として利用できるように変わっていく。ヘリウム核を中心とした芯が生成され、それが収縮して温度を上げ、ヘリウム核同士の融合反応がはじまる。その結果生成されるのが、炭素・窒素・酸素など、私たち生命に必須な元素群である。ヘリウム核三個が融合して炭素核ができるには、特殊な機構が必要だが、それがあるおかげで、地球上に生命が誕生できることになった。この機構の存在を一九五八年に発見したのは、フレッド・ホイルである。この研究で、彼が「生命存在の秘密を解くカギをみつけた」といっているのは、この機構の重要性に気づいていたからであった。

炭素や酸素の原子核を中心とした芯が星の中心部にできた後、これらの原子核からさらに重いマグネシウム、ケイ素、アルミニウムなどの合成がおこなわれていく。太陽より一・四倍以上の質量の星では、さらにこれらの原子核から鉄を中心とした原子核の合成まですすむ。この宇宙で一番安定な原子核は、鉄、コバルト、ニッケルなどのいわゆる鉄属元素なので、これらの原子核を中心とした芯が中心部にできたあとは、もはやさらに重い原子核を合成する原子核反応はほとんど起こらない。そのあとは、中心部は冷えていくだけである。

冷えるとガス圧が下がり、中心部は急激に収縮する。前にふれたように質量が太陽の約一・四倍以上の星は、自分の重力の作用によって潰れ、超新星爆発を起こす。この爆発によって吹き飛ばされたガス中で、じつは鉄属元素より重い原子核群がつぎつぎと急激な勢いで合成されていく。このような元素合成の過程が星の進化とともにすすむことが明らかにされ、現在では、宇宙における元素組成が、どのような機構によって形成されるかが理解されているのである。

後でのべるように、宇宙の誕生初期に、ヘリウムまでの軽い元素の大部分が合成されてしまうことが現在わかっている。星の内部で、全体からみればごくわずかのヘリウム核が合成され、さらにそれから重い元素群が合成されていく。宇宙における元素の起源については、現在すでにその大筋は完全に解き明かされてしまったのだといってよい。原子核物理学の発展は、星の内部における元素合成の機構の解明までさせてしまったのであった。

# 天の川銀河外の世界——スライファーとハッブル

## 銀河とその距離

この宇宙には、アンドロメダ銀河のような天の川銀河外の銀河は、一〇〇〇億個もあることが現在ではわかっている。これらの銀河は宇宙空間に一様に分布しているのではなく、網目状にたがいに連なるような分布となっている。だがアンドロメダ銀河が、私たちから二〇〇万光年も離れた遠い存在であることがわかったのは、すでにふれているように、一九五二年のことであった。この銀河は渦巻き型に分類されるもので、その大きさは天の川銀河と同程度のものと見積もられている。この銀河には小さな楕円状の銀河が二個近くにある。これらは伴銀河とよばれている。

遠くの銀河までの距離を推定するには、その銀河内にセファイド（ケフェウス）型変光星をみつけ、そのみかけの明るさと変光の周期との両観測データをとればよい。この周期からその星の真の明るさがわかり、みかけの明るさと比較して距離が求められる。明るさは距離の二乗で弱くなっていくので、距離を見積もれることになる。

## スライファーとドップラー効果の発見

一九一〇年代に入って、遠くの銀河からの光のスペクトルのデータに奇妙な性質のあることが、アメリカのヴェスト・スライファーによってみつけられた。彼は、火星研究のためにアリゾナに建設されたローウェル天文台で、観測に従事していてこの性質を見出した。たとえば、水素原子から放射される特有な波長の光が、ふしぎなことに波長がのびたようになっていた。特定の波長の光を放射する光源が遠ざかっていくとき、この光源からの光を観測すると波長がのびていることがわかる。これがドップラー効果とよばれる現象である。この光源が逆に近づいてくるときには、今度は波長が短くなる。

スライファーは、いくつかの銀河からの光のスペクトルを観測していて、このスペクトル中の水素の光の波長がのびていることを見出したのであった。一九一二年のことであった。先にふれたように、この波長の伸びがドップラー効果によるとすると、これらの銀河は、天の川銀河から遠ざかるように運動しているということになる。

スライファー（1875-1969）

アメリカ，インディアナ大学卒業後，1901年にローウェル天文台に就職．1926年から1952年まで同天文台長．1913年に渦巻き銀河の回転を検出．また，渦巻き銀河の後退速度を発見．

## ハッブルと宇宙の膨張

遠くの銀河からの光にみられるドップラー効果について、系統的に観測をはじめたのは、エドウィン・ハッブルであった。カリフォルニアのウィルソン山天文台の一〇〇《インチ》反射鏡を用いて、ヒューメイソンの協力のもとに、たくさんの銀河についてドップラー効果の大きさを、観測によって調べた。これらの銀河のみかけの明るさから相対的な距離についての情報がえられるので、この距離とドップラー効果、つまり波長の伸びとの関係を調べてみた。えられた結果はおどろくべきことだが、距離が大きくなるにしたがってそれに比例して波長の伸びが大きくなっていくことを示していた。遠い銀河ほど速く私たちから遠ざかっていっていたのである。

このようなことが本当のことだとしたら、銀河間の距離はどこでも一様・等方的にたがいに遠ざかっていることになる。いいかえれば宇宙空間自体が、時間とともに膨張していることを示唆していた。ハッブルはこの結果について、一九二四年に発表した。その後一九二九年には、現在ハッブルの法則とよばれるようになっている宇宙の膨張についての法則を確立し、一九三六年には『星雲の領域』と題した本を出版している。

ハッブルは後に、研究を回想しながら、「天文学の歴史は、宇宙の後退の歴史」であると言っている。宇宙の大きさが拡大していくのに、ハッブルの発見は大きな貢献をしたの

ハ　ッ　ブ　ル (1889-1953)

シカゴ大学で天文学を学んだ．1919年にウィルソン山天文台に入り，100インチ反射鏡により，銀河の研究に従事．1929年にハッブルの法則を発見．膨張宇宙論の論拠となった．1936年に『星雲の領域』を出版．

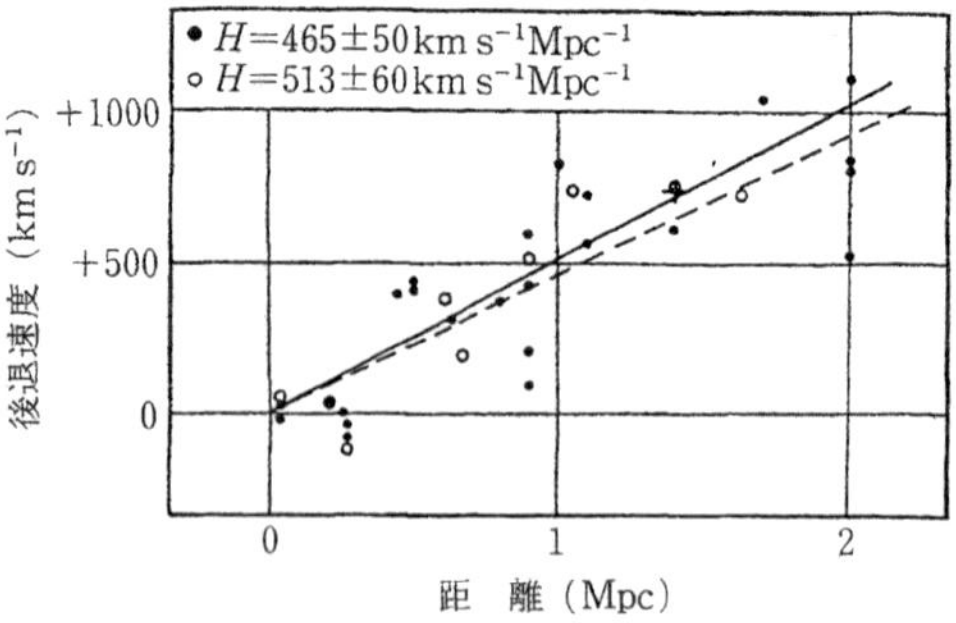


ハッブルの法則

である。

光の速さは、重力の作用のない真空中では毎秒三〇万粁である。このことは、遠い光源からの光が私たちのところに届くまでには、その距離に比例した時間がかかることを示す。したがって、遠くの銀河から現在届いている光は、この銀河の過去の姿を私たちに見せていることになる。こんなわけで過去の宇宙の様相は、私たちからいろいろな距離にある銀河などの対象を観測することから研究できる。

現在では、宇宙誕生直後の姿を示すマイクロ波帯の電波の観測が、人工衛星によりなされており、のちにのべるようなインフレーション宇宙の時期が存在したことが立証されている。宇宙の歴史が、科学観測によって明らかにされる時代になっているのである。

# 重力が支配する宇宙II

## アインシュタイン的な宇宙像

# 二〇世紀の現代物理学

## 量子論と相対論

一九世紀の終わりも迫った一八九七年に電子が発見され、その翌一八九八年には陽子が発見された。物質構造の基本をなすと思われる「素粒子」がみつかったために、これらの粒子を用いた原子構造のモデルの研究がいろいろと試みられるようになった。ボーアによる有名な水素原子の構造論が現れたのは、一九一三年のことであった。

しかしながら他方で、物理学は完成の域にほとんど達してしまったものと、一九世紀の終わりごろには、多くの物理学者によって考えられていた。ただ気になることが二つ残されていたが、これらもやがては、当時の物理学により解決されてしまうものと推測されていた。この二つについて、ウィリアム・トムソン、のちのケルビン卿は、目前にある二つの「暗雲（black clouds）」と表現している。一つは熱放射に関するものであり、もう一つはマイケルソン・モーリィの実験にかかわったものであった。

熱放射とは、白熱灯のように、高い温度にある物体がその表面から放射するときの放射光のことで、その強度の波長分布が、当時の物理学、とくに電磁気学では説明できなかった。マイケルソン・モーリィの実験とは、光速度を測定するにあたって、測定の当事者が運動していようといまいと、光速度が不変であることを示した実験で、ガリレオ・ニュートンの相対性原理からは、けっして導かれない結果であった。この原理によれば、たとえば一定の向きに一定の速さで走っているロケットからその向きに光を放射すると、この光を別の場所に静止した観測者からみると、光の速さはこのロケットの速さを加えたものになっているはずなのである。ところがマイケルソンとモーリィの二人は、このときも光の速さは不変で、ロケットの運動は全然関係しないことを実験的に示したのであった。

先にのべたように、ケルビン卿は、これらの暗雲さえ解決できれば物理学には終焉が到来すると考えていたのであった。一八九八年のことで、その二年後の一九〇〇年暮れには、マックス・プランクが量子論を提唱し、一つ目の暗雲は取り除かれた。ついで、一九〇五年にはアインシュタインが特殊相対論を建設し、二つ目の暗雲も取り除かれた。

## 極微の世界と極大の世界の研究

このようにして、二〇世紀はいわゆる現代物理学の誕生を告げる、量子論と相対論とともにはじまり、物質の基本構造にかかわる極微の世界から、宇宙の大構造にかかわる極大の世界にまでわたる、自然界のあらゆる問題を研究できる学問体系が確立されたのであった。現代物理学とよばれているのがそれで、私たちの身近なところから宇宙の果てにまでわたって、この学問体系によって研究できるようになっているのである。このような時代は、物理学の歴史のなかではじめてのことなのである。

プランクにはじまる量子論は、一九二五年には量子力学とよばれる学問にまで発展し、物質の基本構造から、物質の示す多様な性質などの解明ができるようになった。特殊相対論からさらにアインシュタインは、重力の本質に迫る一般相対論を一九一六年に提唱した。これにより、宇宙の大構造や、強力な重力場のもとにおける星の構造などの研究ができるようになった。宇宙論とよばれる学問は、宇宙の進化、宇宙の構造などについて研究することを目的としているが、この学問に一般相対論が用いられるのは、宇宙において一番重要な作用が重力、いいかえれば万有引力だからなのである。

# 特殊相対論から一般相対論へ――アインシュタインがみたもの

## アインシュタインの相対性原理

物理現象の数学的表現には、多くの場合、時間と空間からなる座標系が用いられる。座標系とは、物理現象の記述に対し、基準にとる枠組みである。たとえば、地面から上方に向けてボールを投げたときの、このボールの運動の記述には、地面を基準にして、この面に二次元の座標、上向きに三つ目の座標をとり、投げられたボールの位置を、この三つの座標で表す。時間は投げた瞬間から測り、それ以後の時間はボールの位置にふくませる。この場合、時間はパラメータとなっている。

先の例では、地面上の一点を座標系の基点にとったが、この基点も座標系も、このよう

アインシュタイン（1879-1955）

ドイツ生まれのアメリカ人．1905年に特殊相対論，光量子仮説，ブラウン運動の理論を建設．1915年には一般相対論を提出．1933年にドイツからアメリカへ移住，プリンストン大学高等研究所に落ち着く．1922年に日本訪問．

にとらなければならないということはない。取り扱う対象を最も巧く表せるように、座標系を選べばよいのである。その際、座標系同士が直線的に等速度で相対的に移動しているときには、ガリレオ・ニュートンの相対性原理が成り立つ。いいかえれば、物理現象の数学的表現は、各々の座標系に対し本質的に同じものとなる。

ところが、マイケルソン・モーリィの実験結果は、ガリレオ・ニュートンの相対性原理が成り立たないことを示していた。おたがいに等速度で相対的に運動している座標系（慣性座標系とよぶ）のどちらでも、光速度は一定不変になっているとの観測結果は、時間と空間とがたがいに独立なものではないことを示唆していた。アインシュタインは、どの慣性座標系でも光速度は一定の普遍定数であることを要請として認め、このときに物理法則は、どの慣性座標系に対しても同じに表されるのだと要請したのであった。このような要請をアインシュタインの相対性原理という。ガリレオ・ニュートンの相対性原理とちがうところは、光速度不変を要請していることである。

## 特殊相対論の世界

アインシュタインの相対性原理に立って、ある慣性座標系の時間と空間とをとりあげると、時間と空間はたがいに独立でなく、これらをひっくるめた四次元世界が物理法則の数学的表現に現れる。二つの慣性座標系の各々の四次元世界は、ローレンツ変換式とよばれる変換式により、たがいに結ばれている。この四次元の時間・空間世界に立った物理法則の表現形式が、特殊相対論とよばれるものである。

この特殊相対論から、私たちの日常経験と相容れないような奇妙な結果が導かれる。運動している物体は、外部にいる静止した観測者に進行方向に縮んでみえる。これがローレンツ収縮といわれる現象である。また、この運動している物体に、もし時計が設置されていれば、その時の刻み方は、静止した観測者のところにある時計に比べてゆっくりとしている。つまり、遅れるのである。このように時間のすすみ方は、基準にとった座標系ごとにちがってくるので、普遍的な時間概念が成り立たなくなる。

ガリレオ・ニュートンの相対性原理が成り立つ世界では、時間のすすみ方はどの慣性座標系に対しても同じで、ニュートンはこの時間を絶対時間とよんだ。慣性座標系については、一つ基本となる座標系に対してすべて相対的なものと考えてよいので、この基本となる座標系が与える三次元の空間を絶対空間とよんだ。アインシュタインの特殊相対論によれば、このような絶対空間・絶対時間は存在しないことになる。このことは、アインシュタインによれば、時間と空間の概念が、私たちが常識としてきたものとまったくちがう革命的なものであることを意味している。

## 一般相対論の有効性

慣性座標系同士は、一定の向きに一定の速さでたがいに運動しているので、これらの座標系自身には加速度運動はない。もし加速度運動があったとすると、このことは力の作用が働いていることを示すから、特殊相対論はこのような加速度座標系では成り立たない。宇宙空間で普遍的な力は重力であるから、この力をふくめた理論が作れれば、どんな座標系に対しても成り立つものとなるはずである。このアイデアにもとづいて、一九一六年に建設されたのが、一般相対論である。この理論が重力場の理論とときにいわれるのは当然なのだといってよい。

このようなわけで、一般相対論は、宇宙の大構造の研究に有用なことが認められたのであった。この理論から導かれた重力場の方程式が、宇宙の幾何学的な構造を決定する役割を担っていた。この方程式にもとづいて宇宙の構造の研究をしたのはアインシュタインだけでなく、ド・ジッターやルメートル、さらにフリードマンがいた。アインシュタインは宇宙は静的なものでなければならないと想定して、宇宙定数とよばれるある物理量を導入したが、先に示した他の三人は、このような仮定をせず、重力場の方程式についてその解法を研究し、宇宙が膨張するという解を導いている。

ここでひとつ付け加えておきたいのは、特殊相対論から帰結する重要な結論に、エネルギーと物質の質量とのあいだにはある一定の関係が成り立つというものがあることである。これが、エネルギーと質量の等価原理といわれるものである。

# 重力の本質に迫る

重力場の方程式は、物質、いいかえればエネルギーの存在によって時間と空間が作る四次元空間が、どのような幾何学的構造をとるかを決定する。物質の存在はその周囲の時間と空間に歪みを生じ、ユークリッド的な平坦な四次元空間でなく、いわゆる非ユークリッド的な曲がった四次元空間を作りだす。

**アインシュタインの宇宙原理**

この宇宙には、天の川銀河のような星々の集団である銀河が一〇〇〇億個もあることからみて、物質が一様・等方的に分布しているとはいいがたい。しかし、このような分布を考えても、宇宙の広大さを考慮すれば、大きな誤りとはならないであろう。このようなア

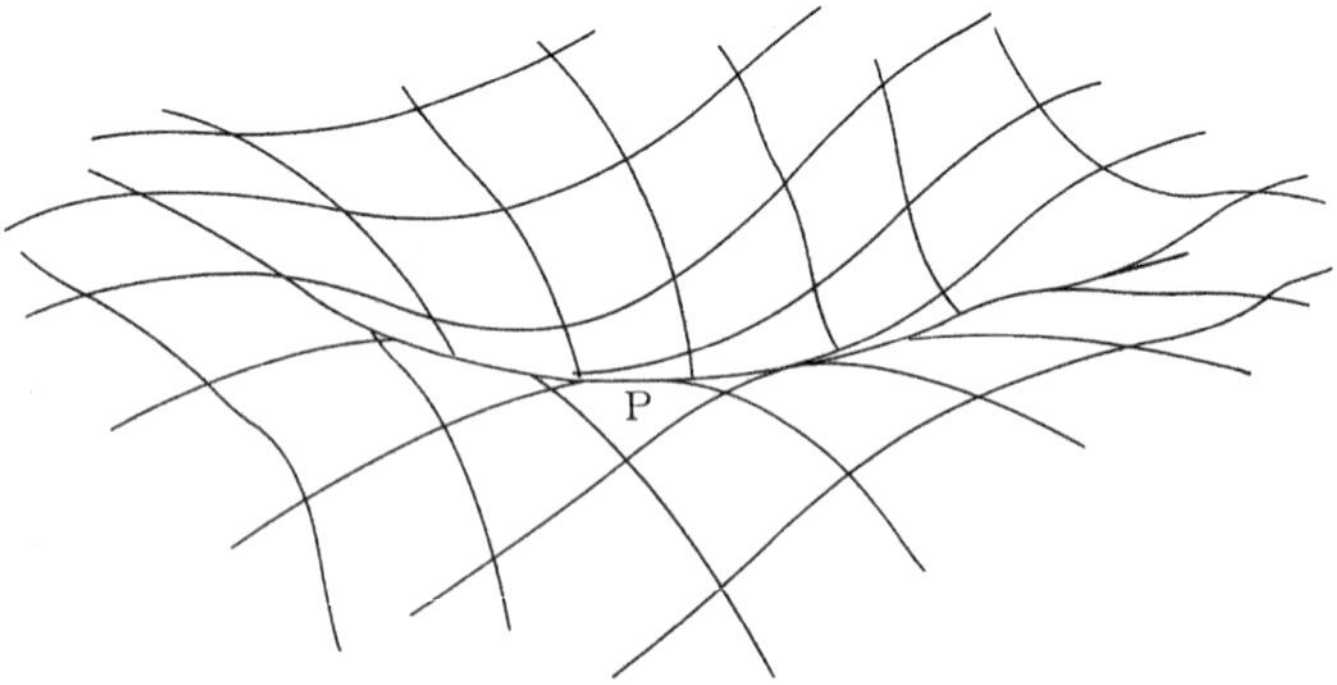


重力場が空間の歪みから生じることを示す二次元モデル
P＝星のような物質の集積点

イデアを、アインシュタインの宇宙原理とよぶ。

宇宙空間に、物質がどこでも、あらゆる方向について、同じ質量密度で分布しているとして、重力場の方程式を書き表すと、四次元時空（時間と空間からなる四次元空間のこと）の歪みはどこも同じとなる。重力場は物質間にたがいに引き合う万有引力を生じるから、ニュートンが想定したように、この力に対抗する力が存在しなければ、宇宙は潰れてしまうかもしれない。アインシュタインが、宇宙定数という、この対抗する力にあたるものを導入したのは、この可能性をさけるためであった。こうして、定常的な静止宇宙を、彼はえたのであった。

## 一般相対論と宇宙の構造

重力場を非常に弱いと仮定した場合には、四次元時空の歪みはほとんどなくなるが、このときにじつ

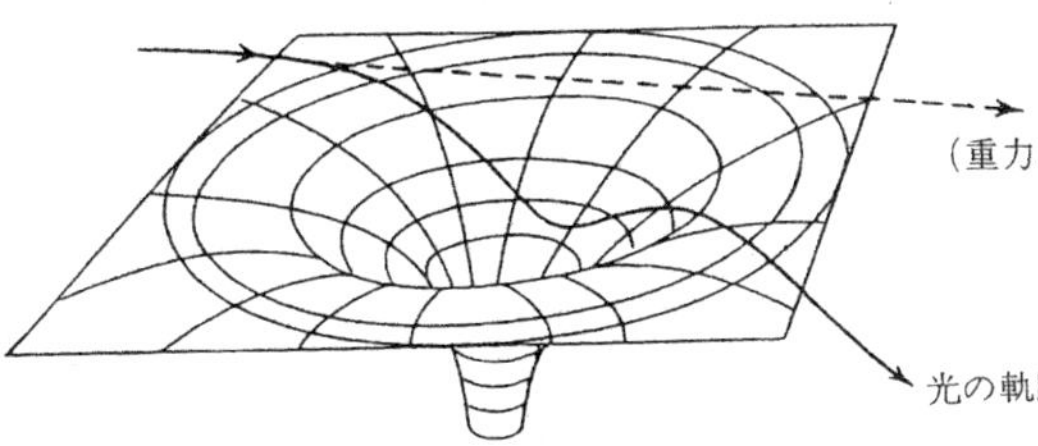


重力場内での光の軌跡

中心のくぼみに星がある．大質量の天体の周囲には強い重力場が形成される．この場の近くを通過する光は，その軌跡が直線から大きく外れる．

は重力場は、ニュートンが求めた万有引力の表現と同じ形のものとなる。重力場は、四次元時空の歪みによって生みだされるが、この歪みは物質の存在による。したがって物質、あるいはエネルギーは、四次元時空の歪みを作りだすし、また逆に、歪みはエネルギーや物質を生みだす源泉ともなる。このように、アインシュタインの一般相対論は、宇宙の幾何学的構造を決める手段を提供してくれるのである。

太陽は物質がガス状を成して凝集した存在であるから、その周囲の空間に歪みを作りだしている。したがって、この天体のすぐ近くを通過する光は、もはや私たちのいう直線状には走れない。光は直進しないのである。太陽に引きつけられるように走ることになる。一九一九年にエディントンは、皆既日食時に太陽のごく近くを通過した背景にある星々からの光が屈曲していたことを観測から明らかにした。この研究により、アインシュタインの一般相対論の正しいことが証明されたのであった。

現在では、強力な重力場を周囲に形成しているブラックホールの存在を示す、間接的な観測例がいくつかえられている。また、最遠の天体現象といわれるクェーサーにみられるレンズ効果とよばれる重力場による光線の屈曲が、いくつも観測されている。クェーサーは原始銀河と考えられる巨大な物質の凝集体で、太陽の場合にみたように、すぐ近くを通過する光が曲げられてしまうのである。

# 宇宙は膨張する——フリードマンからガモフへ

**フリードマンとハッブル**

アインシュタインが、静的な定常宇宙を要請して、宇宙定数を導入したのは、一九一七年のことであった。この同じ年に、じつはド・ジッターとルメートル、それにエディントンは、独立に宇宙が膨張するという解を求めていた。しかしながら、これらは物質の存在しない宇宙に対するものであった。物質が存在する場合については、これに遅れて一九二二年に、革命後のソヴィエトのアレクサンダー・フリードマンによって、重力場の方程式が解かれ、宇宙が膨張することを示す非定常解が求められた。だが、この仕事は当時の国際事情のために、西ヨーロッパの科学界にすぐに知られることがなかった。

スライファーによって発見された天の川銀河外の銀河にみられる光のスペクトル線の赤方偏移が、さらに詳しくハッブルとヒューメイソンの二人によって、多くの銀河について観測から確かめられてはじめて、フリードマンのえた結果が注目されることになった。ハッブルらの結果は一九二四年に発表されたが、これが宇宙の膨張によって説明されたのである。

ハッブルたちがえた結果は、「『進化する宇宙』のアイデア」の章でふれたように銀河からの光のスペクトル線の赤方偏移は、銀河までの私たちからの距離にほぼ比例して大きくなっていっていた。この性質はどちらの方向に対しても同じになっていたので、宇宙空間自体があらゆる方向に一様で、等方的にどこも同じ速さで膨張することを示しているものと考えられた。空間のスケールが、どこもかしこも時間的に同じ割合で膨張していると仮定すれば、ハッブルがえた赤方偏移の大きさと距離とのあいだにみられる比例関係は説明できる。

現在、この比例関係はハッブルの法則とよばれており、膨張宇宙論の一つの証拠とされている。宇宙が時間とともに膨張しているとしたら、時間を逆にさかのぼっていくと、宇宙全体が収縮していくはずである。したがって、究極的には宇宙は一点にまで到達してし

フリードマン（1888-1925）
革命後のソビエト，レニングラード大学教授．1922年にアインシュタインの重力場方程式を解き，宇宙の膨張解を導く．ハッブルの法則確立以後，研究成果が脚光を浴びる．

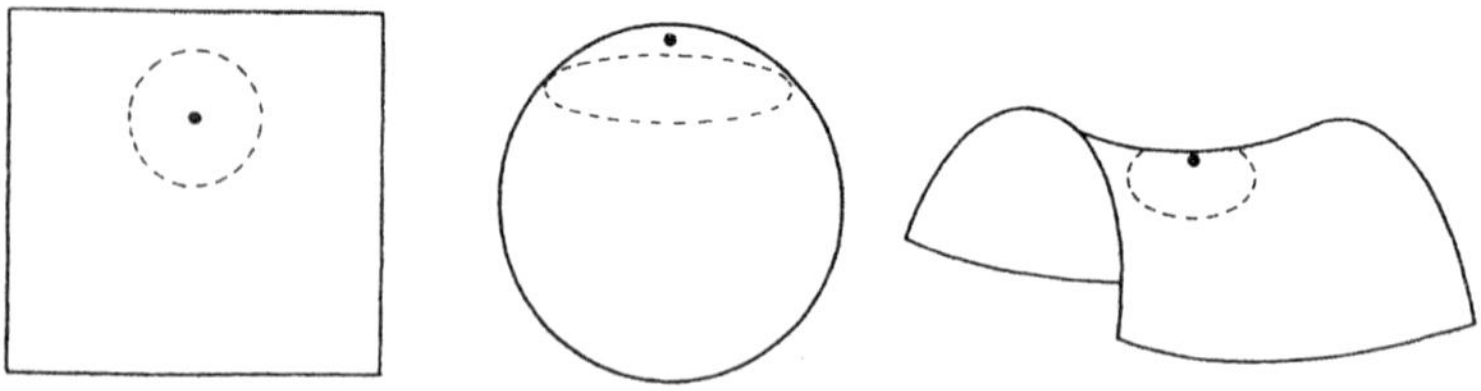


重力場の方程式が与える３つの解（a）
宇宙空間の３つの可能な構造．k＝空間の曲率

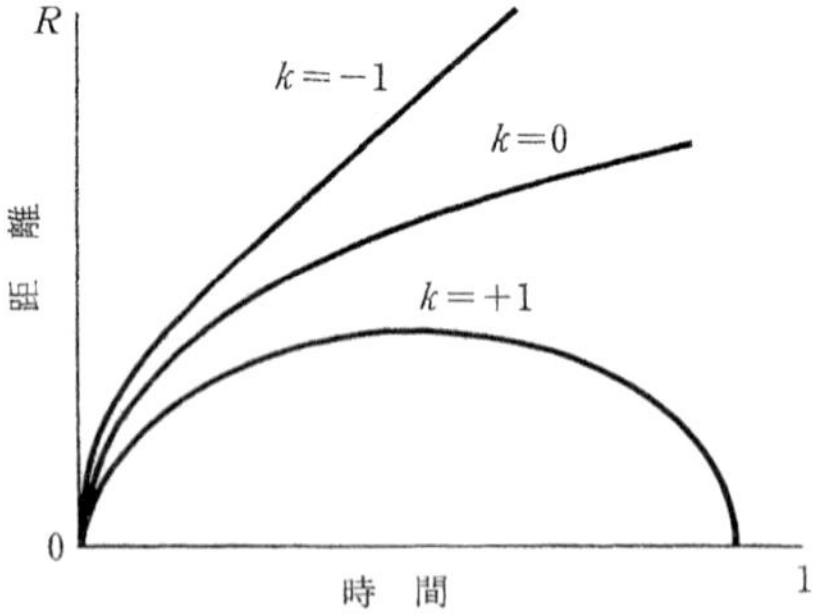


重力場の方程式が与える
３つの解（b）
前図の３つの可能な空間構造から予想される膨張宇宙の時間的変化．

まうことになる。このとき宇宙の全物質が凝集してしまうことになるから、そこでは無限に強い重力場が形成されていなければならない。このことは、一般相対論によれば、四次元時空の歪みが無限大となっていることを示す。無限大のエネルギーがこの歪みを作りだしている。

**ガモフとビッグバン宇宙**

この一点に凝集して時空に歪みを生じたエネルギー、つまり物質が、ある瞬間に膨張をはじめたとすると、歪みが弱まりながら、物質間に働く重力の作用に抗いつつ、膨張をつづけることになる。宇宙が膨張をはじめる最初の瞬間に、物質がもし一〇〇億度のような超高温の状態にあったとしたら、ガス状になっており、そのガス圧で急激に膨張がすすむことになる。このような急激な膨張を、ソヴィエトからアメリカに亡命したジョージ・ガモフは、ビッグバン（Big Bang）とよんだ。一九四六年のことであった。

ガモフは、彼の学生だったハーマンとアルファーとともに、このビッグバンではじまる宇宙の誕生初期に元素の合成をおこなう機構を考え、宇宙に存在する元素の組成を説明しようと試みた。アルファーとガモフ、それにベーテによる宇宙元素の起源論は、一九四八年に発表された。これはのちに、$\alpha\beta\gamma$理論とよばれるようになった。これら三人の名

ガ　モ　フ (1904-1968)
ロシア系アメリカ人．レニングラード大学でフリードマンに学ぶ．1934年に渡米．1928年に $\alpha$ 崩壊の理論．後に星のエネルギー源について研究．1946年にビッグバン宇宙論を提唱．

前をもじったものである。アルファーとハーマンはさらに、膨張にともなって宇宙の温度が下がっていく割合について計算し、現在の宇宙の背景に存在する電磁放射のスペクトルが絶対温度で五K（セ氏マイナス二六八度）に相当すると予言している。

ガモフたちによるビッグバン宇宙論は、元素の起源論では、水素からヘリウムまでの軽い元素についてのみ説明できたが、宇宙の温度については、のちに二・七Kほどであることが観測から示されたので、よく合っているといってよいであろう。この観測結果は、次の「現代物理学からみた宇宙像」の章でのべるように、アメリカのペンジーアスとウィルソンによってもたらされた。

## 宇宙誕生の瞬間

ガモフが提唱したビッグバン宇宙論は、ハッブルの法則の説明は当然のこととして、宇宙の背景にある電磁放射の温度、それに宇宙にあるヘリウムの起源についても説明することができた。宇宙は誕生の瞬間には時空の歪みに蓄えられているエネルギー、いいかえれば物質が大爆発を起こし、その後、膨張をつづけていく。この物質が、宇宙の膨張とともに、現在私たちに知られているような素粒子を生みだし、それとともに自然界の形成にかかわる力を生成した。この力に四つのものがあることが現在知られているが、これらは宇宙の膨張の過程で生まれたのであった。

宇宙の誕生の瞬間については、無限大の時空の歪みが急激に崩されていく過程がともなう。このとき宇宙の膨張が急激にすすむので、この過程はインフレーションとよばれている。この急激な膨張に引きつづいてビッグバンがすすむことになる。この方面の研究は現在も多くの研究者によって精力的にすすめられている。

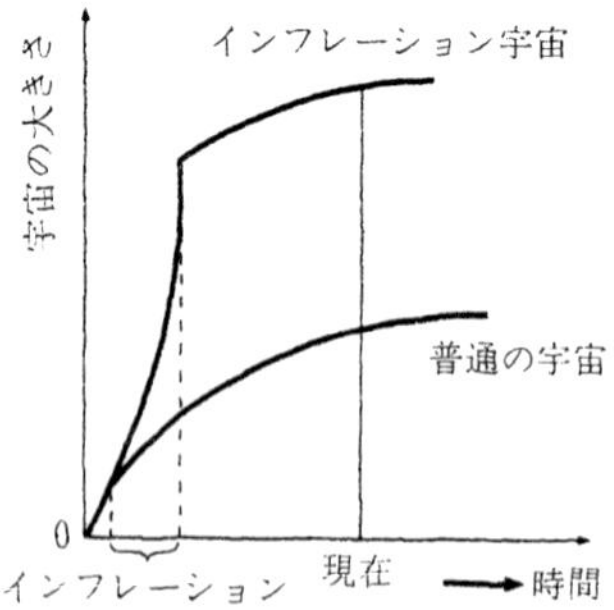


宇宙誕生直後に起こるインフレーション（a）
インフレーションで開始した宇宙とビッグバン宇宙との関係を示す.

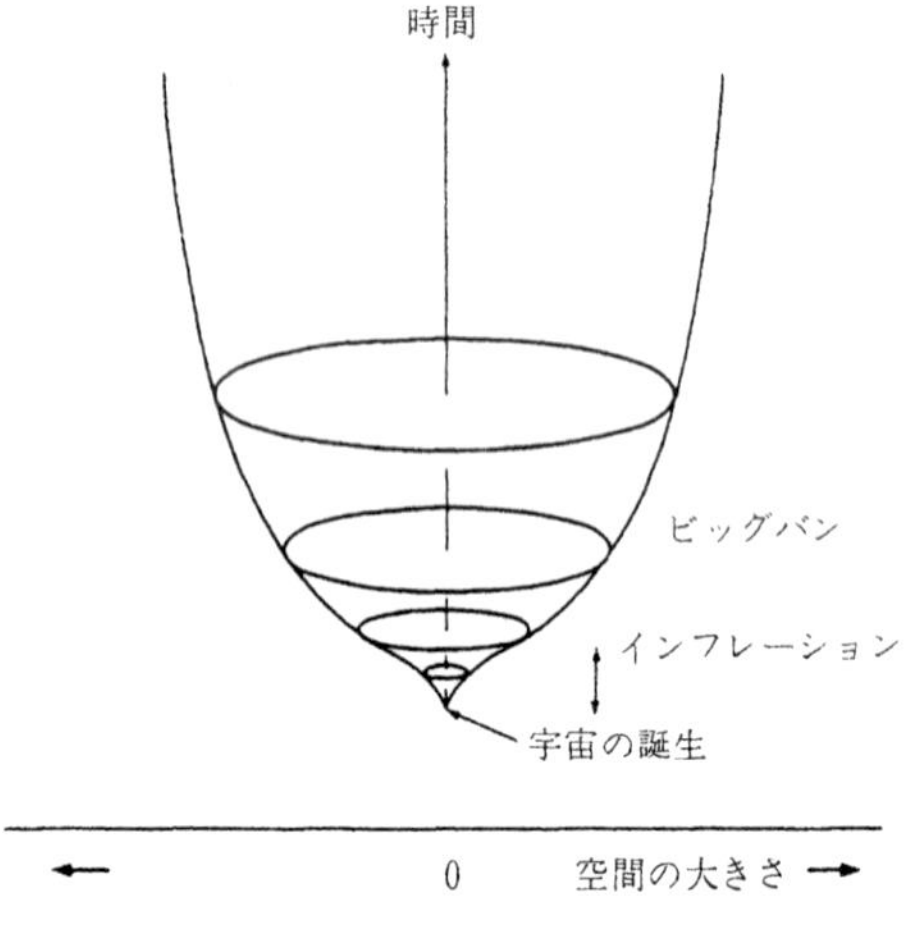


宇宙誕生直後に起こるインフレーション（b）
インフレーション宇宙の広がりを示す.

# 現代物理学からみた宇宙像

# 実証的な宇宙研究

現代物理学（Modern Physics）とよばれる学問は、すでにふれたように二〇世紀に誕生した。この学問の根幹をなすのは量子論と相対論の二つで、これらを基本にして発展した分野が現代物理学を構成する。宇宙空間で起こっている多種多様な物理現象は、すべて現代物理学の理論と方法により研究ができる。

## 宇宙と地球の物質

宇宙空間にみつかる物質も、地球上にみられる物質を構成するいろいろな元素からなり、これらの元素は宇宙全体にわたって普遍的なもので、私たちから一五〇億光年先のところにある元素、たとえば水素やヘリウムが、地球上にみつかるものと異なっているわけではない。いま、光年というういい方をしたが、これは毎秒三〇万㌔の速さの光が一年間に走る距離で、およそ一〇兆㌖にあたる。太陽と地球の平均距離が約一億五〇〇〇万㌖であるから、一光年の距離がいかに大きいか予想がつくであろう。ちなみに、太陽に一番近い星であるケンタウルス座アルファ星まで約四光年の距離がある。

**物質の究極構造と宇宙像**

地球上で手に入るいろいろな元素は、陽子、中性子、それに電子がそれぞれいくつかずつで作りだす。この宇宙で最も簡単な元素は水素で、陽子と電子が一個ずつからなる。これらの粒子が電気的な力で結合して、水素原子を作る。元素としての水素は、水素原子が二個結合して作った水素分子に相当する。また、ヘリウムは陽子・中性子・電子がともに二個ずつ結合して作った原子で、原子一個がそのまま分子として振る舞う。

陽子や中性子は究極の粒子ではなく、これらを構成するもっと小さな単位の粒子からなることが、現在では明らかとなっている。クォークという名前の粒子で、たとえば、陽子はuクォーク二個と、dクォーク一個の凝集体であるし、中性子はuクォーク一個とdクォーク二個の凝集体である。クォークには、このほかにさらに四種存在することが、現在ではわかっている。これら六種のクォークは、uとdのように二個ずつ対になっており、それらにレプトンとよばれる粒子が二個加わって一つの組を作っており、それが世代とよばれている。電子はレプトンの仲間なのである。さらに別の四種のクォークが二つずつ対となり、それに対応するレプトンもやはり四個あって、二つの世代を作る。現在、究極の粒子には三つの世代があることが明らかにされている。

現代の宇宙像は、現代物理学が解き明かした物質の究極構造にもとづいて築きあげられており、さらにこれらの物質が、いかなる過程を通じて、宇宙の進化のなかで創造されてきたかといった研究まで視野に入れている。そうして、物質自体が進化してきた歴史が明らかにされていきつつある。

このようなわけで、現代の宇宙像は、現代物理学の理論と方法を駆使して形成されているが、このことは他方で、宇宙論とよばれる宇宙の誕生と進化を研究する学問が、宇宙観測にもとづいて研究できるようになっていることを示す。宇宙論の研究が、実証的なものとなったのである。

# 宇宙を研究する道具立て――量子論と相対論

## 量子論と相対論

太陽系の惑星たちの運動が解き明かされるためには、ニュートンが発見した万有引力の法則と力学に関する三法則とが必要であった。このように、物理的な現象を理解するには、その現象について研究する手段となれる物理学が建設されなければならない。現代物理学の主柱をなす量子論と相対論のどちらも、ある特定の物理現象の解明をめぐって建設されたのであった。前者は熱放射の理解にかかわり、後者はマイケルソン・モーリィの実験結果の理解にかかわっていた。これらについては、すでに前にふれた通りである。

量子論から発展した量子力学は、原子・分子の振る舞いから、光をふくめた電磁放射と吸収の機構、物質の究極構造など、ミクロなスケールで起こるあらゆる物理現象の研究に、有用な手段を提供した。量子力学において一つ注意すべきことは、ミクロな世界の現象には不確定性とよばれる性質が本質的に備わっていることである。その結果、真空の状態でも電子・陽電子のように物質と反物質が、ごく短い時間だが現れてはふたたび消滅するような現象がしょっちゅう起こっていることになる。この不確定性が、宇宙の誕生に必然的にかかわっていることも現在では想定されている。

### 量子力学と不確定性

### 自然界の四つの力

相対論についてはすでにふれたように、特殊と一般を冠した二つのものがあり、後者が宇宙論や星の構造などの研究に大きな役割を果たしてきている。強力な重力場の作用を周囲の空間に生じるような星では、光さえも外部へ出ていけない場合すら生じることがある。このような天体がブラックホールとよばれるもので、現在その候補となるものがいくつかみつかっている。光さえ逃れられない天体なので、私たちには直接みる手段がない。

重力の作用は、この自然界に存在する力のひとつで、ほかに電磁的な力が、私たちが日常経験するものである。このほかにまだ二つの力があるが、これらはミクロな世界で働くもので、その作用の強さから、強い力、弱い力とよばれている。クォークを結合させるような強力な作用が強い力で、原子核が放射性崩壊をひき起こしたりするような作用が弱い力である。この自然界にはこれら四つの力だけしかなく、これらの力により、あらゆる自然現象がひき起こされることが明らかにされている。この面では、自然は意外と単純なのである。

## 現代物理学と神の心

このようなことがらは、すべて二〇世紀の後半に明らかにされたことで、現代物理学とよばれる学問は、宇宙の誕生からそれ以後の歴史のなかで起こるあらゆる現象に対し、時間・空間を超えてその適用範囲を広げている。現代は、この意味で宇宙の成り立ちが、何故に現在みられるような姿のものになっているかと、その理由がたずねられるような段階に立ちいたっている。このような時代は、人類史の上でもはじめてのことである。

こうした状況を踏まえて、物理学者のなかには、宇宙のデザイン原理が明らかにされたとか、神（大文字ではじまるGod）の心が読めるようになったというふうにいう人もある。現代は、このような時代なのである。

# ビッグバン宇宙論と宇宙の背景放射

## ビッグバンの過程

ハッブルの法則によれば、宇宙空間のスケールがどこもかしこも四方八方に同じ時間的割合で膨張している。時間の経過とともに、宇宙全体の大きさが増加していき、それにともなって、宇宙空間における平均の物質密度は減少していくことになる。

したがって、時間を逆にさかのぼっていくと宇宙の大きさは縮小し、銀河間の平均距離も小さくなっていく。当然のこととして、平均の物質密度も大きくなっていく。宇宙の誕生直後にまでさかのぼっていけたとしたら、この平均の物質密度は無限といってよい大きさになっていくとともに、重力エネルギーが運動エネルギーに変換されていく。その結果、物質の温度も上がっていき、超高温の状態となると推論される。宇宙の誕生初期は、超高密・超高温の状態であることになる。

超高温の状態にある物質は、完全に素粒子の集合した状態にあると予想されるから、超高圧のガス状態にあるはずである。この圧力で急激に膨張しようとするが、超高密のために強力な重力場を生じ収縮しようとする。もしガス圧による力がこの重力に打ち克つならば、この状態のガスは急激に膨張していくことになる。ガモフが提唱したビッグバンの過程は、このようにして開始する。

この膨張に際して、そのためのエネルギーが外部から供給されることはないので、膨張しながらガスは温度を急激に下げていく。この過程は、断熱変化と熱力学の理論でよばれているものに相当する。このガスは、超高密・超高温の状態にあったときは、物質の究極と考えられるクォークやレプトン、それに光子の集団であったが、膨張の初期にあたる最初の一分ほどのあいだに陽子や中性子が創生され、さらに温度が数千度にまで下がったとき、原子や分子が形成された。その結果、光をふくむ電磁波は、物質との相互作用が極端に弱くなり、この電磁波が宇宙の背景放射を形成した。

宇宙誕生初期における素粒子間の反応の重要性を指摘したのは、わが国のハヤシ（林忠四郎）であった。ガモフが想定した宇宙の始原物質は中性子であったが、これよりももっと原始的な存在が、先にのべたことからも推測されるように、素粒子であるクォークやレプトンなのである。これらの素粒子も、宇宙誕生直後に創生されたのである。

## 宇宙の始原物質

宇宙の始原物質が何であったかについては、いままでのところ明確にはなっていないが、インフレーション宇宙のアイデアでは、真空のエネルギーから物質は創造されることになる。アラン・グース（グーツの音に近い）やサトウ（佐藤勝彦）などによって、一九八〇年代初期にこのアイデアは発展させられたのであった。

## ペンジーアスとウィルソンによる背景放射の発見

ガモフのビッグバン宇宙論にもどると、この証拠となる宇宙の背景放射の存在が、マイクロ波帯電波の観測から明らかにされたのは、一九六五年のことであった。アメリカのベル電話会社の技術者であったペンジーアスとウィルソンの二人が、宇宙通信における雑音処理にかかわる実験をおこなっていて、偶然に発見したのであった。予期せぬ発見（serendipitous discovery）として、有名な例のひとつである。

ペンジーアス（右，1933-）とウィルソン（左，1936-）
アメリカのベル電話会社にあって，宇宙通信における雑音解析から宇宙の背景放射を発見．ビッグバン宇宙論を支持する証拠を得た．1978年に，この発見により両人ともノーベル物理学賞を受賞．

しかしながら、実際には、このマイクロ波帯電波が四方八方から昼夜を問わず、彼らが設計したアンテナに同じ強さで受信された理由が、彼らには全然理解できなかった。この強さは、アンテナ受信温度で測ったとき、約三Kであった。このことは、宇宙空間のあらゆる方向から、地球にこの温度に相当する熱放射が届いている、いいかえればこのような放射が宇宙空間に充ちていることを示していた。宇宙通信の妨害となるかもしれない電波雑音が、背景に常に存在していたのである。

このふしぎな宇宙を背景にした熱放射の存在理由について、ペンジーアスとウィルソンは、会社からあまり遠くないプリンストン大学へでかけて、そこのロバート・ディッキーやジョン・ピーブルスにたずねたのであった。彼らは、この放射が宇宙誕生直後に存在した超高温の熱放射のいわば残照で、宇宙が膨張した結果、こんなに低い温度に対応するものとなってしまったのだと説明したのであった。

このようなことがあったのは一九六四年の暮れのことで、観測結果についてはペンジーアスとウィルソンが、その解釈についてはディッキー、ピーブルスほか二人が、それぞれ研究論文にまとめて、アメリカの天文学雑誌『アストロフィジカル・ジャーナル』に投稿した。これらの論文は、一九六五年に印刷・発表された。

ここで一つ注意しておくべきことは、このとき彼らは、ガモフたちの研究結果については完全に忘れていたという歴史的事実である。のちにガモフに指摘されて、彼らも思いだしたのだが、研究の世界でもこんなことが時にはある。

このペンジーアスとウィルソンによる宇宙の背景放射の発見は、当時まだ論争の渦中にあった定常宇宙論の息の根をとめることになった。

## 定常宇宙論の敗北

この定常宇宙のアイデアでは、宇宙の構造は、ハッブルの法則にしたがって膨張してはいるものの、いつもほとんど同じ状態に保持されているはずであった。膨張にともなって宇宙空間の平均の物質密度が必然的に小さくなっていくので、空間中に物質が創造されて、宇宙空間の状態を定常に維持すると定常宇宙論では想定していた。

すでにのべたことから明らかなように、宇宙の背景放射の存在は、宇宙にははじまりがあったことを示していた。このことが定常宇宙論を敗北に導いたのであった。イギリスのホイル、ゴールド、ボンディらによって提唱された定常宇宙論は、現在では完全に忘れ去られてしまっている。現在でも、ビッグバン宇宙論に対する批判がないわけではないが、宇宙の誕生と進化について研究している人びとは、ガモフに端を発した宇宙の進化に対するアイデアにもとづいているのである。現在は、素粒子物理学の発展により、物質の創造についても研究の手がのびるようになっており、その結果として、インフレーション宇宙のアイデアも生まれることになったのである。

# 素粒子物理学と宇宙論

## 宇宙誕生直後の物質

ビッグバン宇宙論を提唱したガモフは、宇宙の誕生直後にこの宇宙に占めていたいわゆる始原物質に「イーレム」（Ylem）という名前を与えた。この物質から宇宙最初の素粒子として中性子が創造されたと想定された。中性子は、約一三分の平均寿命で、陽子と電子、それに反電子ニュートリノに崩壊する。したがって、残存する中性子と陽子との融合反応を通じて、自然界にあるいろいろな原子核が作られることになるというのが、前にのべたガモフの$\alpha\beta\gamma$理論とよばれる元素の起源論であった。陽子三個と中性子二個が融合して作ると想定されたリチウムの同位体が不安定で、ガモフが予想したように、これより質量の大きな元素は実際には作れなかった。同

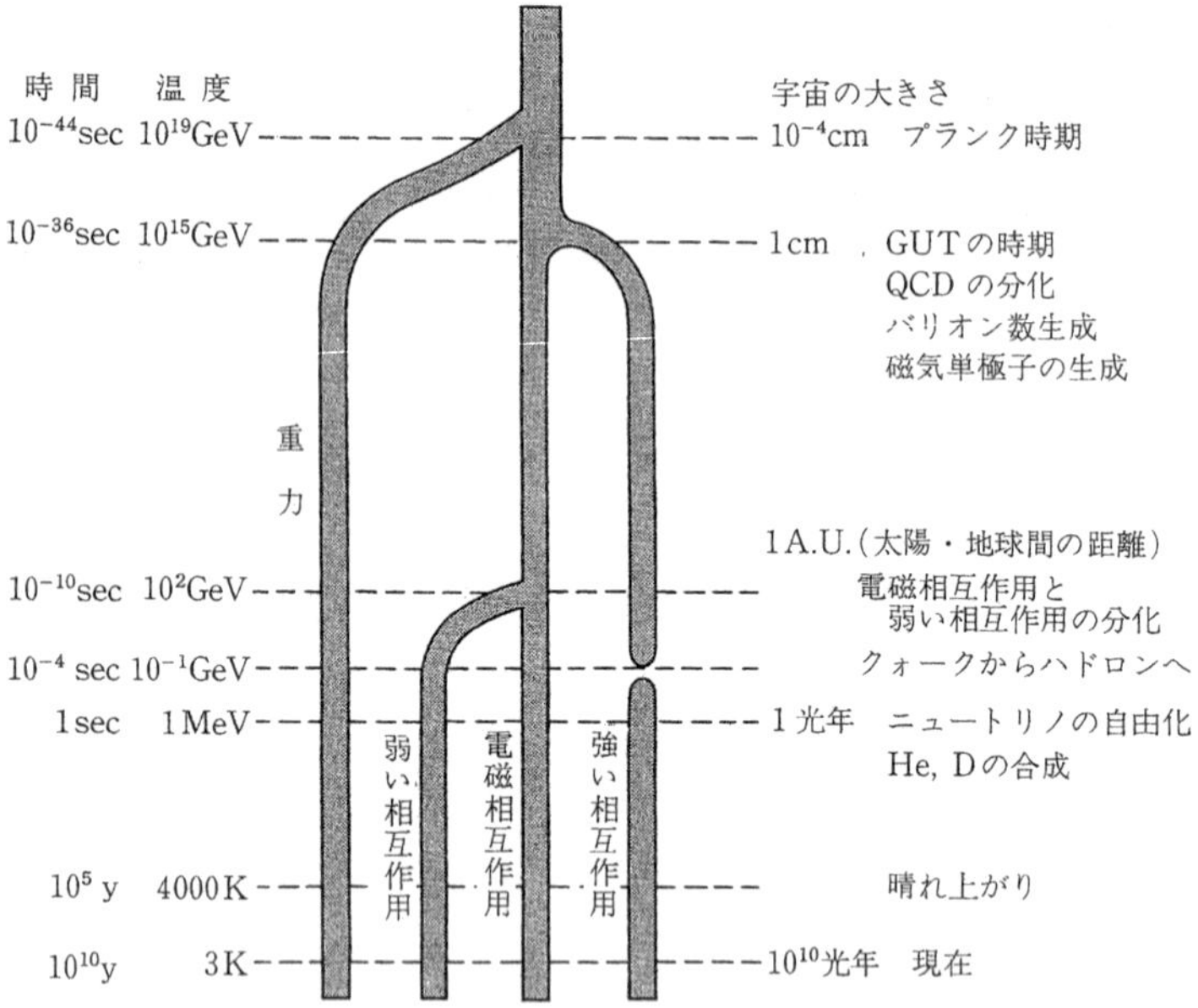


宇宙の誕生初期における物質と力の創造（佐藤文隆による）

物質の究極構造（クォークとレプトンの世代）

| 電　荷 | クォーク | 電　荷 | クォーク |
|---|---|---|---|
| +2/3 | u,　c,　t | −2/3 | $\bar{u}$,　$\bar{c}$,　$\bar{t}$ |
| −1/3 | d,　s,　b | +1/3 | $\bar{d}$,　$\bar{s}$,　$\bar{b}$ |
| | レプトン | | 反レプトン |
| −1 | $e^-$,　$\mu^-$,　$\tau^-$ | +1 | $e^+$,　$\mu^+$,　$\tau^+$ |
| 0 | $\nu_e$,　$\nu_\mu$,　$\nu_\tau$ | 0 | $\bar{\nu}_e$,　$\bar{\nu}_\mu$,　$\bar{\nu}_\tau$ |

物質の究極の粒子は重いクォークと軽いレプトンの組合せからなる．これらは２個ずつ対になって，三つの世代を形成している．
私たちの世界は通常第１世代のu，d，$e^-$，$\nu_e$とその反粒子（$\bar{u}$，$\bar{d}$，$e^+$，$\bar{\nu}_e$）からなる．たとえば陽子は２個のuと１個のdからなる．

位体とは、陽子数が同じなのに中性子数が異なる原子核のことで、たとえば水素核には、陽子のみのもの、陽子と中性子が一個ずつからなる重水素核、さらに陽子一個と中性子二個からなるトリチウム核とがある。

## クォークとレプトン

宇宙誕生直後に、現在の自然界を作る物質の源泉となった始原物質が創造されたのだが、じつはこの物質からクォークやレプトンが誕生してきたのである。これらの素粒子群と光子とが、宇宙の誕生後のきわめて短い時間にあっては基本の粒子群で、クォーク群から陽子や中性子が合成されてきた。

すでにのべたように、クォークとレプトンの組からなる世代には、三種類しか必要でないことが示されているし、これらが宇宙の進化のなかでuとdという記号で表される世代のクォーク対のみからなる、現在みられるような自然界を作りだした。高エネルギー粒子を人工的に作りだす加速器中や、宇宙空間のどこかで生成されて以後、地球にときに迷いこんでくる宇宙線とよばれる高エネルギー粒子がひき起こした核反応に、別の世代のクォーク群がみつかるが、それらは自然界にいま普通にみられるわけではない。しかしながら、宇宙誕生直後のきわめて短い時間中には、ずっと重いクォークt、bやc、sなどが、これらと対をなすレプトン$\tau$、$\nu_\tau$、$\mu$、$\nu_\mu$などと共存していたはずである。

これらのクォークのあいだには強い力が働いており、宇宙の進化の過程で、陽子や中性子を創生していった。これらの粒子とレプトンのあいだには電気的な力と弱い力が働く。これら二つの力が、宇宙進化のごく初期には一つの作用として働いていたことが、二力を統一する理論の成功から推論されている。この理論は、アメリカのワインバーグと、パキスタンのサラムによって建設されたもので、電弱統一理論とよばれている。宇宙誕生直後のように、クォークやレプトンが強大なエネルギーを保持しているときには、電気力と弱い力はひとつの力に統合されてしまうのである。

さらに宇宙の進化をさかのぼっていくと、物質の温度、したがってエネルギーはさらに高くなり、強い力も電気力と弱い力に統合されて、ひとつの力として振る舞うようになる。この統合された力を記述する理論が、大統一理論（GUT）とよばれている。重力の作用は、宇宙の始原物質のあいだに働くものとして、宇宙が誕生した後、最初に生まれる力である。このようにして素粒子群とそれらのあいだに働く力とは、宇宙の進化の過程のなかで誕生してきた。素粒子物理学のように、物質の究極構造を研究する学問が、宇宙の巨大なスケールの構造と進化を研究する宇宙論と密接なかかわりを持つようになることなど、まったく予見できないことであった。

### 素粒子研究と宇宙論

現在では、多様な素粒子を生みだす基本の存在として、スーパーストリング（超ひも）なるものを考え、これから自然界に展開されるすべてを説明しようという試みがある。この試みは、あらゆることを説明する理論（TOE＝theory of everything）といわれるように、究極の理論と考えられている。しかしながら、この理論は完成されたものとして、多くの人びとにより受け入れられているわけではない。また、今後どのように発展していくかについても、明確な見通しがえられているわけでもない。今後の発展が待たれる。

# 将来への展望

# 宇宙像の未来

## 現代物理学と宇宙論

天文学的な知識は、人類が文明をはじめて築いたときに、すでに人類に持たれていたと推測されている。太陽や月、また星々の天空上の運行が、時の経過についての知識をもたらし、文明の発展に大きな役割を果たしていた証拠が、古代人の残した遺跡のなかに多くみつかっている。天体の運行の観察からその規則性を読みとり、人びとの生活に役立てることから、天文学的な知識獲得への欲求が生まれ、それがさらに文明の発展へとつながっていったのであろう。

人類最初の文明といわれる古代バビロニア文明の誕生から、現在にいたるまでに八〇〇〇年あまり経過しているが、そのあいだに、とくに近代の成立以降、現代科学につながる研究の方法が確立された。現代はその流れのなかにあって、現代物理学を基礎に、自然科学のあらゆる領域がその方法に立って研究されていっている。現代的な宇宙論も、現代物理学に立って研究がすすめられているのである。

## 理論の検証

この宇宙論はまだ完成されてはいないので、宇宙の誕生と進化についての描像は、研究者たちが抱くいわばシナリオなのである。私たちに経験できるいろいろなことがらは、この宇宙のなかでのことであって、この宇宙の外に出られないことからみて、研究において比較対照できる他の宇宙を持っているわけではない。この点で、宇宙論は、現代科学の他の領域とは本質的に異なる。

そうはいうものの現代物理学、とくに素粒子物理学の最近における急速な進展によって、宇宙誕生初期における物質の物理学的な理解ができるようになった結果、この私たちに経験できるただ一つの宇宙が、客観的な研究の対象と現在なっているのである。しかも、観測的に研究できるようになっていることは、宇宙論自体が、理論の検証を試みられる学問となっていることを意味する。

自然科学のどの分野についても、当然予想されることだが、天才たちもふくめて非常に多くの人たちが、宇宙像の形成にかかわる研究に従事してきている。現在でもわが国をはじめとして、世界の多くの国々でたくさんの研究者が、いろいろな角度から、宇宙論とそれにかかわった領域の研究にたずさわっている。そうして、この方面の研究は、現在も進歩しつづけている。

この章では、宇宙像の形成にかかわって、今後の発展にとって重要な役割を演ずるであろうと考えられる問題について展望し、しめくくりとしたい。

# 宇宙の背景放射とインフレーション——ＣＯＢＥは語る

## シナリオの実証

宇宙の誕生とその後の進化について、観測からえられるいろいろなデータを利用して、理論的に描かれたシナリオの実証的な研究ができるようになっている。その際、光、もっと一般的には電磁波の速さが、宇宙空間中の伝播に対しては、毎秒三〇万㌖とほぼ一定しているという事実が重要な役割を果たす。遠くの天体からの電磁波は、この天体までの距離に比例した時間を経過してのちに、私たちのところに届く。たとえば、一〇〇億光年先の銀河かクェーサーからの光は、一〇〇億年前に起こったできごとについての情報を、私たちにもたらしてくれる。

このようにして、宇宙の果てと考えられる空間内のできごとに関する情報が電磁波の観測からえられたとき、私たちは宇宙誕生以後、ごくわずかの時間しかたっていないときに起こった現象について研究することができる。

## COBEの打ち上げ

前にのべたペンジーアスとウィルソンによる宇宙の背景放射の検出は、予期しなかったできごとであったが、この放射について意識的にある目的をもって、その本質を観測的につかまえようとする試みが、一九八〇年代半ばになされた。アメリカ航空宇宙局（NASA）のジョン・メイザーを中心としたグループが、この背景放射の特性を十分詳しく観測するための科学衛星COBEを一九八九年に打ち上げ、地球周回軌道にのせた。COBEとは、宇宙の背景放射探査機（Cosmic Background Explorer）の略称で、打ち上げ後一年ほどしてから、重要な結果が公表されはじめた。

この科学衛星が計画される動機のひとつには、この宇宙における銀河群の空間分布が、アインシュタインが要請したようにはなっていないことが、観測から明らかにされたという事実がある。宇宙空間には、銀河群が全然存在しないところや、銀河群が網目構造をとって連なるように広がっているところが明らかにされたのである。この網目に連なる銀河群は、一種の壁のような構造を作りだしていた。この網目構造の空間的なスケールは、平

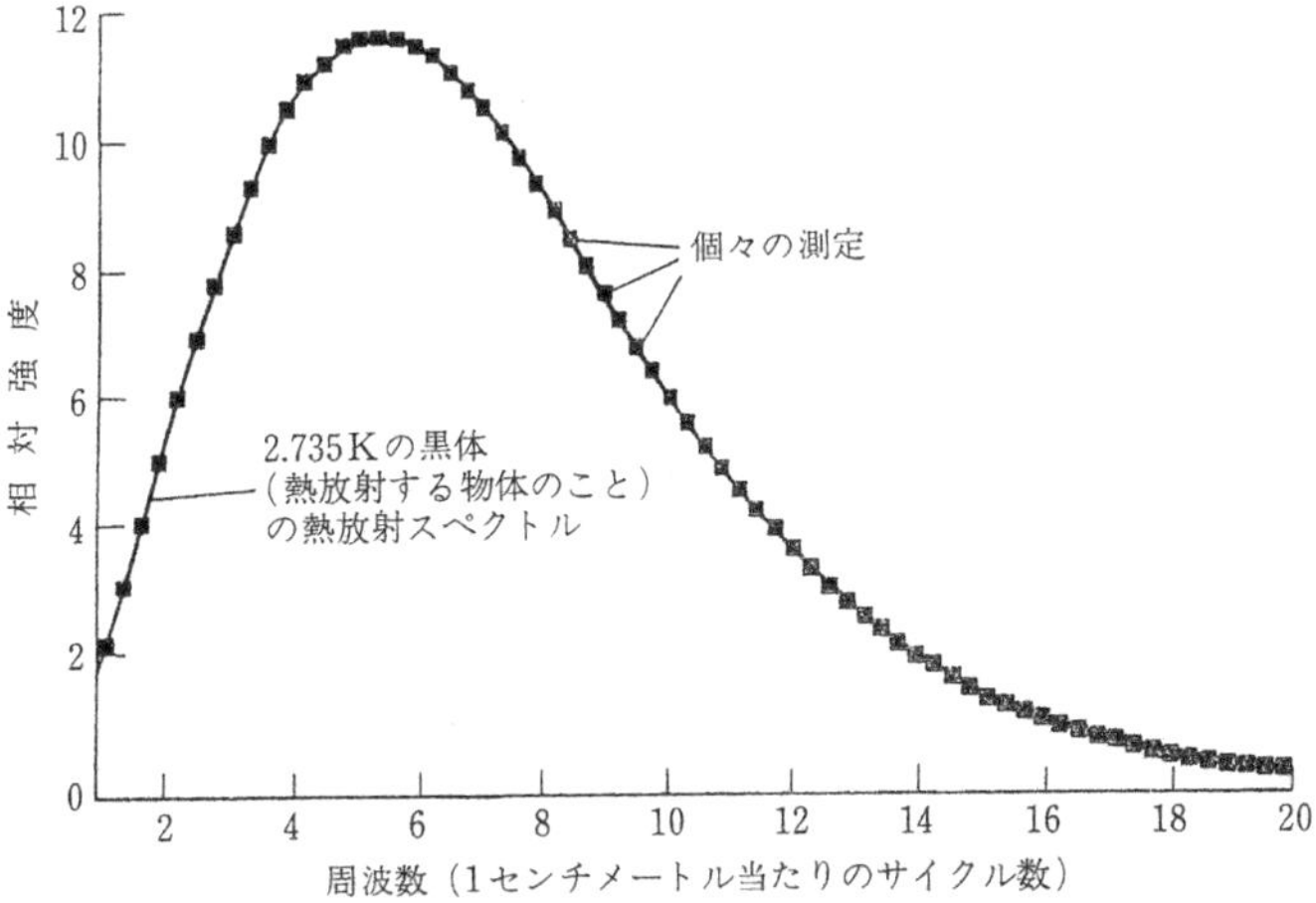


COBE衛星の観測から得られた宇宙の背景放射の強度分布

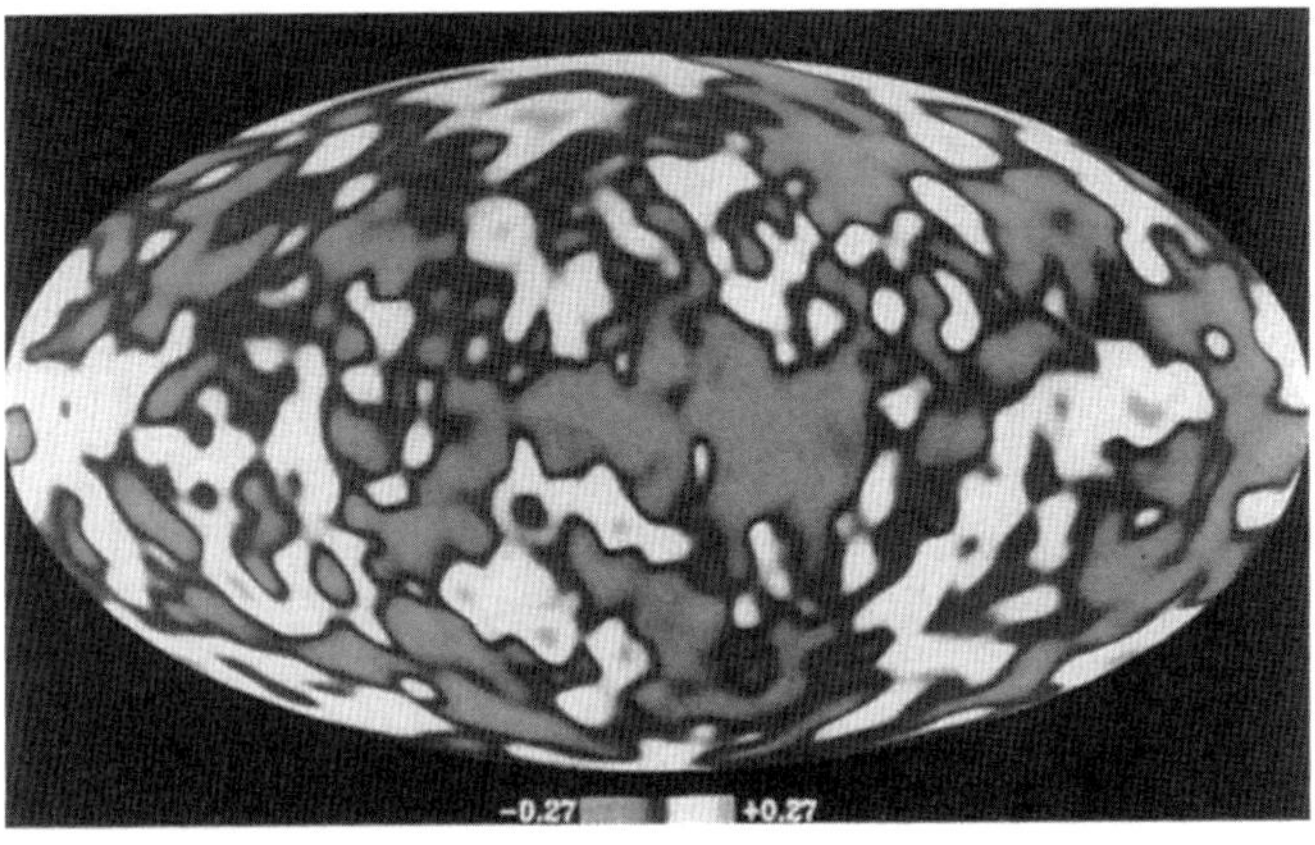


COBE衛星の観測から得られた宇宙の背景放射にみられる空間的ゆらぎ　白い領域からの放射が強い

均的には四億光年ほどであった。

　こうしたいわばかたよった銀河群の空間分布にみられる網目構造が、どのような理由からできあがっているのかという疑問の解決は、宇宙誕生初期における始原物質の空間分布に関係しているのかもしれなかった。だとすれば、宇宙の背景放射の強さに同様の空間分布がみつかるであろうし、実際にこの強さの非一様な空間分布がみつかれば、銀河群の空

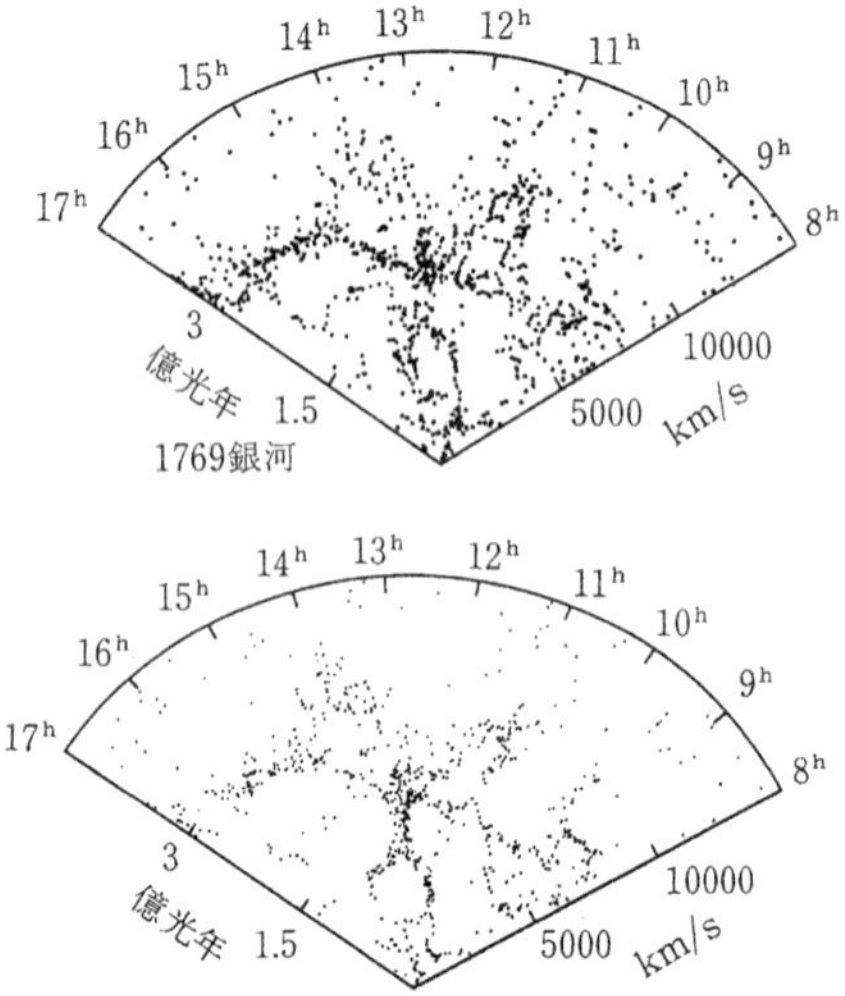


銀河群の空間分布にみられる網目構造
地球から見て，赤経 8 時から17時，赤緯26.5°から38.5°の空間（上図）および赤緯26.5°から32.5°の空間（下図）の広がりの中に見られる銀河群の空間分布．

間分布を生みだした原因としてよいことになる。

## 放射の非一様な空間分布

さらに重要なことは、インフレーション宇宙のアイデアでは、宇宙の背景放射にこうした非一様な空間分布が生じていることが要請されていたことである。COBE衛星による観測結果の分析がすすむにつれて、いくつかの重要な事実が明らかにされた。天の川銀河がおとめ座銀河群の存在する方向に、毎秒数百キロメートルのスピードで運動していることとかかわって、背景放射の強度分布に、この方向に関係した異方性、つまり方向による強度のちがいがあることがわかった。また、この強度の空間分布が一様でなく、強さが凸凹の空間分布を示し、その非一様性が一万分の一程度のもので、インフレーション宇宙のモデルの妥当性をむしろ支持していた。この非一様性に関係した始原物質の空間分布が、のちの銀河群の形成につながったとしてよいことが明らかとなった。宇宙の背景放射の強度分布を、電磁波の波長についてみると、COBE衛星でえられた結果は、前にふれたペンジーアスとウィルソンがえた結果を支持するものであった。

### 宇宙論の理論と検証

二〇世紀が終わる直前のこの時期に、宇宙の誕生にともなう物質の創造と、その宇宙空間分布にみられる「ゆらぎ」が、観測の結果から詳しく明らかにされた。その結果、インフレーションとよばれる急激な膨張で誕生した宇宙は、ビッグバン宇宙論で要請された膨張のパターンにしたがって、現在も膨張をつづけていることが確実となった。宇宙論と私たちが現在よぶ学問は、アインシュタインによる一般相対論の建設があってはじめて研究できるものとなったのだが、観測による実証が可能な学問となったのは、ガモフらの先駆的な研究も重要だが、ペンジーアスとウィルソンによる宇宙の背景放射の発見によってであった。COBE衛星の計画と実現は、宇宙論が観測により検証できる学問となったことと無縁ではない。また、多くの理論家によって展開されたインフレーション宇宙のアイデアが、観測による検証を促したという事実も忘れてはならないと私は考えている。

# 宇宙の平均密度とダークマター

## 未知の物質ダークマター

天の川銀河は、四〇〇〇億個もの星々と、銀河空間の背景に分布するガス物質とからなる。このガス物質は星間物質としばしばよばれるように、星々のあいだの空間に広がって存在している。その全質量は、星々の全質量と同じかそれ以上に達することがわかっている。銀河は星々だけからなるのではないのである。

ところで、天の川銀河の星々とガス物質は、集団となって銀河の中心に対し回転している。この回転運動は、銀河の中心に密集した星々とガス物質が作りだした重力場の作用のもとに、星々やガス雲が一方向きに、ケプラーの法則にしたがうように回転運動することから生じる。この運動の研究から気づかれたことのひとつに、観測されている星々の回転運動が維持されるには、銀河を作る物質の量が少なすぎるという問題があった。理論的に必要とされる物質量が、観測から推測される物質量に比べて、約一〇〇倍もなければならなかった。

このような結果は、天の川銀河外の遠くの銀河についてもえられている。このことは、もしかしたら銀河を作るものは星々とガス物質とだけではなく、何か未知の物質が銀河の空間に漂っていることを意味しているのではないかと考えられたのであった。

現在、観測される銀河群の数から導かれた宇宙空間の平均密度は、宇宙が定常的に膨張していくと仮定したときの値より、三桁も小さい。このことは、宇宙が加速されながら膨張していくことを意味する。定常的に膨張することは、この宇宙の構造が私たちが常識とする平坦な空間の性質をもっていることにあたる。このようなわけで、物質の宇宙空間における平均密度には、私たちの現有の観測技術では捕えられない秘密が隠されているのかもしれない、という憶測を生んだ。

私たちが生を営むこの自然界は、陽子や中性子、それに電子からなるいろいろな元素が作りだしている。陽子や中性子はバリオンと総称されるが、先にみた物質密度が小さすぎることは、バリオンの存在量が少なすぎることを意味している。そのため、これに代わる物質といえば、電子や電子ニュートリノのようなレプトンか、未知の別の粒子群だということになる。この私たちにつかまえられない粒子がダークマターと命名されていて、現在も世界各地でその検出のための研究がつづけられている。

**ニュートリノの質量**

この宇宙の誕生直後に、三種類のニュートリノが創生され、他の素粒子と反応していたが、ニュートリノはその反応の効率がきわめて低いので、膨張の結果、物質密度が低下していったあとでは、他の素粒子と反応することなく、宇宙空間に漂う粒子となってしまった。この事情は、宇宙の背景放射を担う電磁波、いいかえれば光子の運命とよく似ている。

現在、三種類のニュートリノに、たとえ少しでもよいから質量が存在するかどうかをめぐって、世界のあちこちで研究されている。質量の存在に対し、肯定的な結果がえられたのは昨年（一九九八年）のことで、実は大変に〝ホット〟なできごとなのである。電子ニュートリノのもつごくわずかな質量でも、宇宙空間の背景に存在する数からみれば、先にのべた足らない分を十分に補ないうることになる。また、新種の未知の重い素粒子を想定し、これが弱い力しかおよぼさないのでつかまえられないのだという仮説も提案されている。

ここ数年、太陽のように明るく輝くことのない、比較的小さな質量の矮星《わいせい》が、天の川銀河の周辺部に多数存在する可能性のあることが観測から示されており、このような暗い星々がダークマターに同定されるのではないかとの提案もある。このような星々は、褐色矮星とよばれているように、惑星たちより重いが、太陽のように自ら十分に明るく輝く星より暗いのである。ちなみに、木星は太陽系の惑星のなかで一番重い天体だが、自ら輝けるようになるには、いまの一〇倍の質量をもたなければならなかった。

**ダークマターを求めて**

宇宙誕生直後に起こっていたと考えられる素粒子反応の副産物として創生された電子ニュートリノは、現在も私たちの周囲の空間に存在して飛び交っているものと推測されている。その数密度は一立方センチメートル《センチメートル》について一〇〇〇個程度で、これらがほんのわずかでも質量をもっていたとしたら、宇宙全体では、いま存在が予想されているダークマターの総質量を十分に満たすことになる。このようなところでも、素粒子物理学の最前線と宇宙論とのつながりがみられるのである。

先ほど平坦な空間といういい方をしたが、この空間はユークリッド空間とよばれるもので、二次元の平面を想定したとき、その上に二本の平行な直線を描いたとき、両者が交わることが絶対にないという空間である。膨張する宇宙について、アインシュタインの重力場の方程式を解いたときに求まる三個の解のひとつが、この平坦な空間に関するものである。平坦な空間ということはそのなかに歪みが全然ないということで、幾何学のことばを用いれば、空間の曲率がゼロということになる。

現在までのところダークマターの正体は不明のままで、その本性を私たちの前にまだみせてはいない。この方面の研究がどのような解決をもたらすか、今後の研究が待たれている。

# 宇宙の年齢を決めるもの

## 宇宙年齢を求めて

ハッブルの法則は、遠くの銀河からの光にみられる赤方偏移、いいかえれば遠ざかる速さが、この銀河までの距離に比例するというものであった。そのときの比例定数は、じつは時間の逆数の次元をもつ。しかも、この比例定数の大きさはどの銀河に対しても同じなので、この定数は膨張する宇宙に固有なものである。この定数の逆数をとれば、ある時間の大きさを与えることになり、これがハッブル定数（H）といわれる。この定数からさらに宇宙の年齢が推定できることになる。

ハッブル定数の数値は、いまみたように宇宙の年齢に密接にかかわっているので、いままで多くの人たちが、この定数の確定に向かって努力を傾けてきた。とくに、アメリカのアラン・サンディッジは、パロマ山の口径約五メートルの大反射鏡によって、数多くの銀河の赤方偏移を測定し、ハッブル定数を決定するために努力してきた。

また、ごく最近になって、ハッブル天文台（HST）とよばれる科学衛星が、遠くの銀河の遠ざかる速さの精密測定を、いくつかの例についておこなっている。その結果によると、ハッブル定数が、現在推定されている宇宙の年齢よりもかなり短い数値を与えることがわかった。現在、多くの研究者によって受け入れられている宇宙の年齢は、一二〇億年から一六〇億年といったものだが、ハッブル天文台による観測結果の分析は、八〇億年ほどと極端に短い。

ところが、星の進化論からみた球状星団の星々の年齢については、一五〇億年にも達するものがある。星の年齢よりも宇宙の年齢の方が小さいのでは、どちらかにとんでもない誤りがふくまれていることになる。ハッブル天文台からのデータが再検討されており、それによると、星々の年齢との矛盾はどうやら解決されたようである。すでにのべたことだが、地球の年齢の方が地球上の生命の進化に必要とされる時間より短いとされたことがあった。ケルビン卿とダーウィンとのあいだに起こったことであった。結果はダーウィンの方が正しかった。この事情と内容は異なるが似ていることが、宇宙の年齢と最も老齢の星

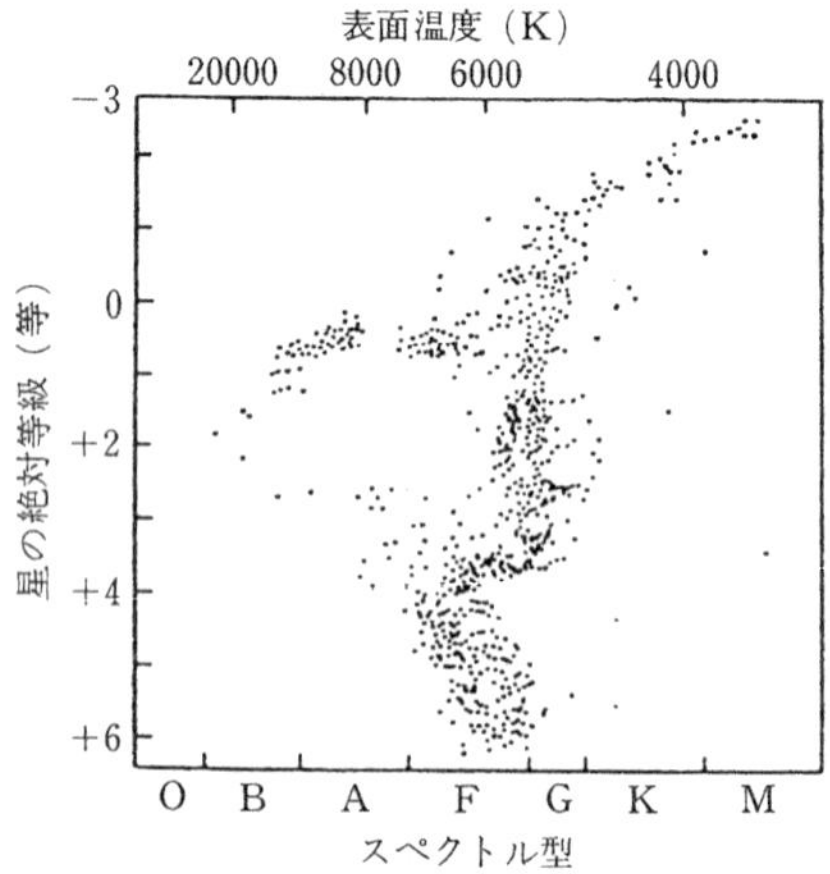


球状星団M13の星々に対するヘルツシュプルング・ラッセル図

との間にも起こったのであった。

現在では、遠くにある銀河群の遠ざかる速さの測定結果に加えて、これらの銀河のなかで発生したIb型に分類される超新星の明るさの時間変化から、銀河群の遠ざかる速さを見積もる方法が工夫され、多くの重要な結果がすでにえられている。その結果によると、この宇宙が膨張する速度は、どうやら加速していっているらしい。距離的にみて、より遠いところにある銀河の方が、相対的に近いところにある銀河に比べて、遠ざかる速さが遅いのである。このことは、地球から遠くなるにつれて宇宙空間中の銀河群の数密度が相対的に大きくなることを意味している。

## 銀河と球状星団

宇宙の年齢は地球の年齢よりも当然のことだが大きくなければならない。太陽は天の川銀河に属する星の一つであるから、この銀河の年齢の方が太陽のそれより大きいのは当然のことである。この銀河の中心に対して球対称になって分布する球状星団のなかには、宇宙の年齢とあまりちがわない年齢のものがある。このことは、球状星団の形成は宇宙進化のごく初期に起こったことで、銀河の円板状の領域にある星々とはその起源が異なっていることを示す。実際、「『閉じた』宇宙像から『開いた』宇宙像へ」の章でのべたように、星の種族がちがっている。

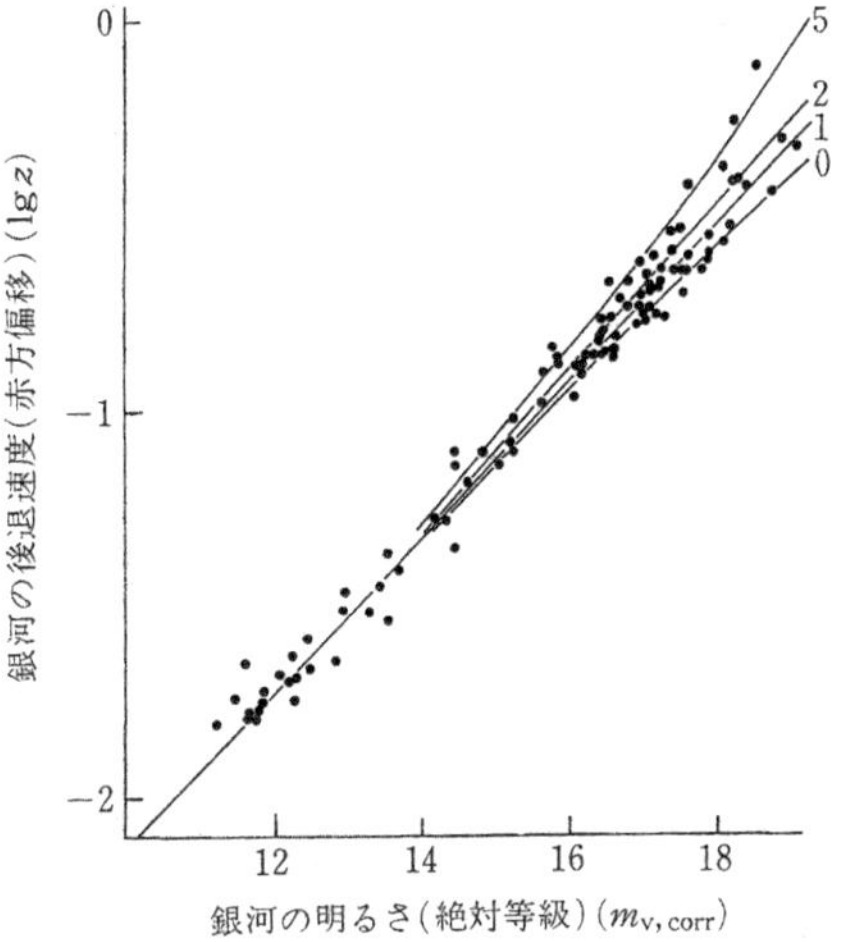

銀河の赤方偏移と距離との関係
（ハッブルの法則）

球状星団を作る星々は、宇宙誕生後、一〇万年ほど後に形成され、多数の球状星団からなる球のような形の大集団をなしていた。この集団は全体として回転しており、星々はそのなかで進化していった。大質量の星々はその一生を早く終わり、超新星として爆発し、大量の物質を周囲の空間に放出した。これらの物質は回転しながら徐々に円板状をなすように集まってきて、現在観測されるアンドロメダ銀河のような構造のものとなった。この円板状の領域から、新しい世代の星々が生まれてきた。これらが種族Iの星々である。宇宙の進化にともなって、星の進化を通じて物質も進化していく。宇宙は物質が進化していく場となっている。

## 現代人と宇宙像

宇宙像の形成には多くの人びとがかかわってきている。彼らの研究の積み重ねのなかで、ほぼ正しいと推測される宇宙の進化の歴史が、ひとつの描像にまとめられている。この現在の描像は、現代物理学という、宇宙のどこにあっても時間を超えて適用できる学問にもとづいて導かれているので、今後にあっても大きな変更を迫られるものではないと考えられている。

人類が文明を築いて天文学に関する知識を必要とするようになってから、まだ一万年たっていない。二〇世紀における現代物理学の誕生は、人類が物質の究極構造から極大の宇宙の構造まで研究できる手段を手にしたことを意味する。宇宙の進化のように、時間と空間を超えた対象も研究の題材となってしまっている。

このような時代に、私たちはいま生きている。古代人が心に描いた原始的な宇宙像から、現代物理学に基礎をおく宇宙像にいたるまで、いままでにのべてきたことから想像されるように、たくさんの人びとの寄与があった。自然科学は、観測・測定・実験などを通じて、理論的な解釈や説明を検証しながら研究がすすめられていく。宇宙論も同様である。したがって、今後にあっても、驚異の目をみはるような大発見がいくつもなされることであろう。

# 天才たちと現代物理学——エピローグ

## 時間の発端

文明という生き方を発明したとき、人類はその文明に固有の宇宙像を、当時の天文知識にもとづいて持っていた。古代人にとって、太陽・月、それに五個の惑星たちは、星々を背景に天空を移動する天体で、特別な意味をもつものと想定された。そこから占星術が編みだされ、人びとの運命が天空上の事象に委ねられているという発想が生まれた。

他方、太陽や月・惑星、また星々の天空上の運行にみられる規則性の発見は、天文学的な知識が、時の経過にかかわって重要な役割を持ち、古代人が築いた文明に役立つことを教えた。キリスト教文明の成立以前にあっては、時の経過は循環的であったが、それは、いろいろな天体の運行にみられる周期的な規則性にかかわっていた。時間の流れが一方向きで循環的なものでないことは、キリスト教がヨーロッパ文明のなかで、確固とした地位を獲得して以後のことである。アウグスティヌスが、キリスト教神学の立場から、時間の経過について一方向性を主張して以来、時間に関する概念が変貌をとげるとともに、一意的に確立されることとなった。

時間の経過の一方向性は、物事の時間的発展、さらには、人類が生を営む自然界の時間的発展に対し、二つの見方を生みだすことになった。一つは時間の永遠性にかかわるもので、時間にははじめも終わりもないとするものであった。他の一つは時間に発端があったとするもので、この宇宙には創造の瞬間があったことを示唆していた。キリスト教的世界観は、このあとの方の考え方に立つもので、実際に旧約聖書の『創世記』に、そのように語られている。この本でのべてきたことからも明らかなように、現代の宇宙像は、宇宙には創造の瞬間があり、現在はこの宇宙の進化の過程のある時間的断面に相当しているのである。

## 天才とは何か

『天才たちの宇宙像』と題したこの本には、現代の宇宙像の形成にいたる過程で、大きな役割を果たした天才たちが登場している。しかしながら、誰を天才といい、誰をそうでないというかについては、規範となるようなものは存在しない。一ついえることは、ある人がどんなことをしたかによって、のちの世の人びとが、その業績の評価にもとづいて、天才だったか否かを論じてきているという事実である。このようなわけで、誰を天才だったとするかについては、論じる人の立場や見解によって大きく異なってくることになる。この本では、天才ということについて、特定の人をとりあげてその宇宙像を語ることはしなかった。

たとえば、人によっては、コペルニクスを天才としてあつかう。しかしながら、彼の提唱した太陽中心説は実証的なものではなかったし、多くの欠点を含んでいた。この点からみれば、彼を天才とすることには私はちゅうちょする。コペルニクスに対し、ニュートンを対比させれば明白だが、ニュートンは、人びとの宇宙観を根本的に変革してしまう業績を上げただけでなく、その業績はアインシュタインによって変更されるまで、二五〇年もの長きにわたって命脈を保っていたのであった。現在でも、実用的には、ニュートンによる力学法則は、そのまま生き残って役立っている。

このような面からみれば、ニュートンを天才とすることに対し、異を唱える人はほとんどいないであろう。科学の歴史にあって、ニュートンに匹敵するか、あるいはそれ以上の天才ということになると、アインシュタインということになろう。この本の「重力が支配する宇宙I」の章と「重力が支配する宇宙II」の章で、それぞれニュートンとアインシュタインとにかかわって重力場の問題をとりあげたのは、宇宙像の形成に対し、この二人の天才が最も重要な貢献をなしているからである。

現代の宇宙像は、現代物理学の成果の上に立って建設されている。すでにのべたように、現代物理学はこの地球上から宇宙の果てにいたるまで、時間・空間を超えてあらゆるところの研究に適用できる学問である。このような学問が建設されてはじめて、宇宙論も実証的な研究が可能な領域となった。現代は、このような時代なのである。実証的といっても、私たちに経験できる宇宙はただ一つなので、比較検証が可能となるわけではない。この点では留保しなければならないが、ハッブル宇宙望遠鏡のような高性能の観測装置により、この宇宙の成り立ちが、実験的研究の対象となっている。

宇宙像の形成には、実験的・理論的両面からの研究を通じて、ニュートン、アインシュタインという二人の天才からはじまって、多くの「天才的」といってよい人びとの貢献があったことを、私たちは忘れてはならない。この本のなかで、たくさんのこうした人たちの名前とともに彼らの研究結果が語られているが、彼らの存在があってこそ、現代の宇宙像が建設されてきたのだということも、心にとどめておきたい。どのような分野であっても、たった一人の巨人によってすべてが作りだされたなどということは、いままで一度たりともなかったし、今後にあっても、まずありえないことである。

現代の宇宙像が、どのように今後変わっていくのか予想もつかないが、これまでの研究の歴史に立ったものであることだけはまちがいない。宇宙像も、人類が自然探究のなかで建設した一つの創造なのである。

# 関連年表

| 西暦 | 人名 | 事項（著作を含む） |
| --- | --- | --- |
| 一二五 | プトレマイオス | 天動説完成。『アルマゲスト』 |
| 一五四三 | コペルニクス | 太陽中心説（地動説）。『天球の回転について』 |
| 一五七二 | チコ・ブラーエ | チコの超新星 |
| 一五九〇 | ガリレオ | 自然落下の法則 |
| 一六〇〇 | ブルーノ | 火刑に処される |
| | ギルバート | 『磁石について』 |
| 一六〇一 | チコ・ブラーエ | チコの宇宙体系 |
| 一六〇九 | ケプラー | 惑星運動に関する第一・第二法則 |
| | ガリレオ | 望遠鏡による天体観測開始 |
| 一六一〇 | ガリレオ | 木星の四衛星発見。金星の満ち欠け発見。月面の地形観測。『星界の使者』 |
| 一六一四 | ネーピア | 対数の発見 |
| 一六一六 | ガリレオ | 宗教裁判――地動説の放棄を命じられる |
| 一六一九 | ケプラー | 惑星運動の第三法則 |
| 一六三二 | ガリレオ | 『天文学対話』 |
| 一六三八 | ガリレオ | 『力学対話』 |

| 西暦 | 人名 | 事項（著作を含む） |
| --- | --- | --- |
| 一六六六 | ニュートン | 万有引力の法則の発見 |
| 一六六八 | ニュートン | 反射望遠鏡 |
| 一六八二 | ハレー | 彗星回帰の周期性 |
| 一六八四 | ニュートン | 万有引力の法則の証明完成 |
| 一六八七 | ニュートン | 『プリンキピア』 |
| 一七一八 | ハレー | 星々の固有運動の発見 |
| 一七五五 | カント | 太陽系起源の星雲説 |
| 一七八一 | W・ハーシェル | 天王星の発見 |
| 一七八五 | W・ハーシェル | 凸レンズ型銀河構造論 |
| 一七九六 | ラプラス | 太陽系の星雲起源論 |
| 一七九九 | ラプラス | 『天体力学』 |
| 一八〇五 | W・ハーシェル | 太陽の運動の決定 |
| 一八〇九 | ガウス | 『軌道計算論』 |
| 一八一四 | フラウンホーファー | 太陽光スペクトル中に暗線を発見 |
| 一八二六 | オルバース | オルバースのパラドックス |
| 一八四二 | ドップラー | ドップラー効果の発見 |
| 一八四六 | ルヴェリエ、アダムス、ガル | 海王星の発見 |
| 一八四八 | W・トムソン（ケルビン卿） | 絶対温度の概念 |

| | | |
|---|---|---|
| 一八五〇 | ポグソン | 星の等級スケールの決定 |
| 一八五四 | ヘルムホルツ | 星のエネルギー源——重力収縮説 |
| 一八五六 | ポグソン | 星の一等級の差——光度の$\sqrt[5]{100}$と定義 |
| 一八五九 | キルヒホフ、ブンゼン | 天体分光学の創始 |
| | キルヒホフ | 黒体放射の法則（キルヒホフの法則） |
| | ダーウィン | 『種の起源』 |
| 一八六八 | ロッキャー | 太陽にヘリウムを発見 |
| 一八七二 | ドレーパー | 星のスペクトル写真 |
| 一八七五 | フンボルト | 『コスモス』 |
| 一八八一 | マイケルソン | 地球とエーテルとの相対運動の測定 |
| 一八八六 | マイケルソン、モーリィ | エーテルの存在を否定 |
| 一八八七 | ロッキャー | 星の進化論 |
| 一八八九 | フレミング | 星のハーバード式スペクトル型分類法 |
| 一八九二 | ローレンツ | ローレンツ収縮仮説 |
| 一八九二〜九三 | ポアンカレ | 『天体力学の新しい方法』 |
| 一九〇〇 | プランク | 黒体放射の量子論 |
| 一九〇三 | リービット | セファイド（ケフェウス）の周期光度関係 |
| 一九〇四 | カプタイン | 星々の二大星流説 |
| | ローレンツ、ポアンカレ | ローレンツ変換式 |

| 西暦 | 人名 | 事項（著作を含む） |
|---|---|---|
| 一九〇五 | ラッセル、ヘルツシュプルング | 星のスペクトル |
| | アインシュタイン | 特殊相対論。光量子仮説 |
| 一九〇七 | エムデン | 星のガス球論 |
| 一九一二 | スライファー | 星雲の視線速度（後退速度）の測定 |
| | リービット | セファイド（ケフェウス）の周期光度関係の完成 |
| 一九一三 | ラッセル、ヘルツシュプルング | ヘルツシュプルング・ラッセル図（H・R図）の発表 |
| 一九一四 | エディントン | 『星の運動と宇宙の構造』 |
| 一九一五 | アインシュタイン | 一般相対論 |
| 一九一六 | エディントン | 星の内部構造論 |
| | シュバルツシルド | 重力場の方程式の厳密解。シュバルツシルドの半径 |
| 一九一七 | シャプレー | 球状星団の空間分布。天の川銀河内の太陽の位置 |
| | ドジッター | ドジッターの宇宙 |
| 一九一八 | シャプレー | 天の川銀河の中心位置の決定 |
| | オールト | 天の川銀河の回転論 |
| 一九一九 | エディントン | 皆既日食観測から一般相対論を検証。セファイドの脈動理論 |
| 一九二二 | フリードマン、ルメートル、エディントン | 膨張宇宙のアイデア |

| | | |
|---|---|---|
| 一九二三 | ハッブル | 島宇宙説 |
| | ジョイ | 一般相対論によるスペクトル線の赤方偏移 |
| 一九二四 | エディントン | 星の質量・光度関係 |
| | ラッセル | 太陽の化学組成 |
| | ハッブル | 遠くの銀河のスペクトルの赤方偏移 |
| 一九二五 | リンドブラッド | 天の川銀河の回転説 |
| 一九二六 | エディントン | 『星の内部構造』 |
| | ファウラー | 白色矮星の内部構造 |
| 一九二七 | オールト、リンドブラッド | 天の川銀河の回転と質量の決定 |
| 一九二八 | ラッセル、ウンゼルト | 太陽の化学組成 |
| 一九二九 | ハッブル | 銀河の後退速度と距離に関する法則（ハッブルの法則） |
| | アトキンソン、ハウターマンス | 太陽のエネルギー源――熱核融合反応仮説 |
| 一九三〇 | パウリ | ニュートリノ仮説 |
| 一九三一 | ジャンスキー | 銀河電波の発見 |
| | チャンドラセカール | チャンドラセカールの限界 |
| 一九三二 | チャドウィック | 中性子の発見 |
| | ランダウ | 中性子星存在の可能性 |
| | シャプレー | 島宇宙説の確認 |
| 一九三六 | ハッブル | 『星雲の領域』 |

| 西暦 | 人名 | 事項（著作を含む） |
|---|---|---|
| 一九三七 | ベーテ、ワイツェッカー | 星のエネルギー源——熱核融合反応の仮説 |
| 一九三九 | オッペンハイマー | 中性子星、ブラックホールの予言 |
| 一九四〇 | ミンコフスキー | 超新星の分類 |
| 一九四四 | バーデ | 星の種族 |
| | ファン・デ・ハルスト | 中性水素原子からの二一センチメートル波放射の予言 |
| 一九四六 | ガモフ | ビッグバン宇宙論提唱 |
| 一九四八 | ゴールド、ホイル、ボンディ | 定常宇宙論 |
| | アルファ、ベーテ、ガモフ | 宇宙元素の起源論——$\alpha\beta\gamma$理論 |
| | ガモフ | 宇宙の背景放射の予測 |
| 一九五〇 | 林忠四郎 | 宇宙誕生初期の素粒子反応 |
| 一九五一 | ユーイン、パーセル | 二一センチメートル電波の検出に成功 |
| | ガモフ | 『宇宙の創造』 |
| 一九五二 | バーデ | 宇宙のスケールを二倍に改訂 |
| | M・シュバルツシルド | 星の進化論 |
| | オールト、ブラウン、ミュラー | 天の川銀河など銀河のハロー発見 |
| 一九五三 | ライネス、コワン | 電子ニュートリノ存在の確認 |
| | ド・ヴォークルール | 超銀河団の存在 |

| | | |
|---|---|---|
| 一九五七 | バービッジ夫妻、ファウラー、ホイル | 元素の起源に関する$B^2$FH理論 |
| 一九六一 | ドレイク | ＥＴＩ探査——オズマ計画 |
| | 林忠四郎 | 主系列以前の星の進化における林フェーズの存在 |
| 一九六二 | クラーク | クェーサーの発見 |
| 一九六三 | シュミット | クェーサーの赤方偏移の発見 |
| 一九六四 | ホイル、テイラー | 宇宙にあるヘリウムを星内合成で説明することの不可能なことの指摘 |
| 一九六五 | ペンジーアス、ウィルソン | 宇宙の二・七Ｋ背景放射の発見 |
| 一九六七 | ベル、ヒューイッシュ | 中性子星（パルサー）の発見 |
| | ワインバーグ、サラム | 力の統一理論——電弱統一理論 |
| 一九七四 | ジョージャイ、グラショウ | 力の大統一理論 |
| | ルービン | 宇宙におけるダークマターの存在 |
| 一九八一 | グース、佐藤勝彦、リンデ | インフレーション宇宙論 |
| | ゲラー、フークラ | 網目状の銀河群の空間分布。巨大な壁とフェンスの存在 |
| 一九八九〜九一 | メーザー、スムート | ＣＯＢＥ衛星による宇宙背景放射の観測 |

# 参考文献

宇宙像の形成とそれに関連した分野について、まず最初に著者自身が今までに世に問うた書物をあげる。これらの書物のいずれかをごらんいただくことにより、著者が『天才たちの宇宙像』の執筆にあたって、どのような視点からこの本の内容について考慮したか了解していただけるであろう。

桜井邦朋『天文学史』（朝倉書店、一九九〇年）
『科学の発見はいかになされてきたか―宇宙物理学者の夢と欲望―』（日本評論社、一九九七年）
『物理学の考え方―物理学的発想の原点を探る―』（朝倉書店、一九九二年）
『アインシュタインが見た宇宙』（白揚社、一九八九年）
『天文考古学入門』（現代新書、講談社、一九八二年）
『太陽黒点が語る文明史』（中公新書、中央公論社、一九八七年）
『宇宙論入門15講』（東京教学社、一九九五年）
『宇宙の発見―ニュートンからホーキングへ―』（祥伝社、一九九一年）

次に、相対論と宇宙論に関する書物をいくつかあげておこう。著者は国際的に活躍している方たちである。

佐藤勝彦『相対性理論』（岩波書店、一九九六年）

小玉英雄『相対論的宇宙論』（丸善、一九九一年）

湯川秀樹（監修）『現代物理学の基礎（第二版）』一二、宇宙物理学（岩波書店、一九七八年）

最近、インフレーション宇宙論の創始者の一人、グースが面白い本を著した。

A. Guth, *The Inflationary Universe: The Quest for a New Theory of Cosmic Origins*, Addison-Wesley, 1997.

宇宙論に関する良書として、以下に二つあげる。

P. J. E. Peebles, *Principles of Physical Cosmology*, Princeton University, 1993.

M. Rowan-Robinson, *Cosmology* (3rd edition), Clarendon Press, 1996.

# あとがき

天文学とよばれる学問の歴史は、人類の文明がこの地球上に形成されて以来、連綿としてひきつづいてきた。これだけの長い歴史を刻んでいるのに、天文学上の重要な発見の六〇%近くが二〇世紀になされた。現代の宇宙像も二〇世紀に形成されたもので、この世紀に成立したいわゆる現代物理学がその支柱となっている。

宇宙像は、古代文明を築いた人びとによって、原始的ながらすでに持たれている。しかしながら、その宇宙像は夜空に輝く星々や、太陽・月、いくつかの惑星が織りなすもので、彼らの棲家とした大地を掩っていた。したがって、古代人が心に描いた宇宙像は、空間的にはごくかぎられたもので、天空に広がる天球の下が、彼らの世界であった。

地球が球状をした天空上に浮かぶ天体であることは、古代ギリシャ文明世界においてすでに理解されていた。だがこの天体が、宇宙の中心に位置しており、天空上でそれに一番近い天体は月で、地球の周囲を公転するものと考えられた。太陽や他の惑星たちは、月より遠くの空間を、それぞれの決まった軌道にあって地球の周囲をまわっていた。これらの軌道は、球殻状の透明な天球に張りついていた。

いまのべたような宇宙像は、アリストテレスやプトレマイオスのような、人類史上に残る天才的な人たちによって形成された。だが、彼らの宇宙は、最遠と目される天球上に星々が張りついたもので、その大きさはごくごく小さい空間にかぎられていた。

このような地球中心の宇宙像が、太陽中心のそれに移行したのは、一六世紀半ばのことで、コペルニクスによって提案された地動説、または太陽中心説であった。だがこの宇宙の広がりは、アリストテレス、プトレマイオスのものと同じように、ごく狭い空間にかぎられていた。

この狭い空間が無限といえるものへと移行するのは、一七世紀はじめのことで、ガリレオによる望遠鏡を用いた天空の観測からであった。一七世紀は、科学革命の時代としばしばいわれるように、ケプラー、デカルト、パスカル、ハイゲンス、ニュートンなどの天才たちが活躍した時代であった。この世紀を通じて、現代科学の研究方法がこれら天才の仕事のなかから確立されてきた。

しかしながら、彼らが築いた宇宙像はコペルニクスの提唱になる地動説にもとづいたものので、太陽が宇宙の中心に位置していた。太陽がこの位置から退いて、天の川銀河の端に近い存在であることが明らかになるのは、じつはこの二〇世紀に入ってからのことであった。シャプレーがこの銀河内に存在する球状星団の空間分布について研究して、はじめて明らかとなったのであった。この研究がなされているころ、星雲（nebula）とよばれていた星々の集団の多くが、天の川銀河の外にある、別の銀河であることが明らかにされた。

このようにして、私たちが棲家とする地球と、地球環境の維持に欠かせない太陽は、宇宙の中心から、まったくの局地的なちっぽけな存在へとなっていったのであった。宇宙像はこのような次第で、人類史の進展とともに大きく変わってきたのである。現代の宇宙像は現代物理学の成果の上に立って築かれているので、今後大きな変更を受けることはないであろうと推測されるけれども、現代物理学のなかにも未完成のままに残されている領域があることを考慮すると、革命的ともいえる何らかの進展を近いうちにみせるかもしれない。だがおそらくそれについては誰も明確な見通しを持ってはいないであろう。

この『天才たちの宇宙像』では、天文学の歴史を刻んだ多くの天才たちをとりあげ、彼らの仕事についてふれながら、現代にまでつながる宇宙像の形成が、いかになされてきたかを明らかにするように努めた。これら天才たちの伝記的なことがらよりも、宇宙像の形成に関わった研究成果の方に重きをおいて、この本は作られている。その結果、天才たちの伝記的な内容におもに関心を寄せる方々には、十分に応えられるものとなっていないという感は否めない。だが大切なことは、宇宙像がどのような形で展開されてきたのかについて知ることであり、その際、天才たちの誰がどのような重要な寄与をしているかについて理解することであると、私は考えている。この本は、いま記したような観点から作られているのである。

先に多くの天才たちが宇宙像の形成に関わってきたというふうにいったが、本文でのべているように、真の天才といえるのは、たった二人しかいないのではないかと私は考える。その二人とはニュートンとアインシュタインで、彼らは科学の歴史の中で他の追随を許さぬ屹立した存在、つまり巨人なのである。ここでいう天才とは天才人のことで、研究の上で天才的な業績を歴史上振り返ってみたときにあげた多くの人びととはちがっている。

たとえば、コペルニクスの地動説とニュートンの力学上の業績とを比べてみれば、そのちがいは明白であろう。ニュートンとアインシュタインという二人の天才人が、ともに重力の理論にかかわる研究で革命的な業績をあげ、宇宙像の形成史上でも天才的な洞察にもとづいた描像を築きあげている。天才と一口にいっても、人の資質には大きなちがいがあることを、私たちは忘れるわけにはいかない。

歴史に残るような業績をあげた人たちを天才とよぶことにするならば、この本の中に名前のでてきた人たちはすべて天才だということになる。このようなわけで、天才たちのなかにもランキングがおのずとできてしまう。

この本を書きながらこのようなことをずっと感じていた。このようなこともあって、ここで少しく、天才にかかわったことがらについて私見をのべることになった。内容については文系・理系にかかわることなく、宇宙像の形成に関心を抱く方々すべてにみていただけるように書いた。読者になられた方々に、何らかの資するところがあったとしたら幸いである。

個人的なことだが、宮田登先生のことにひと言ふれさせていただきたい。本書の再校ゲラをみていた時に、先生の訃報に接した。先生は私が勤務する大学の教授として、大学院学生を中心に研究指導と教育にあたっておられ、その関係で、先生のご専門に関わった種々の話題について、何回か語り合う機会があった。本書の出版を先生は楽しみにしておられ、早く手にとってみたいと言っておられた。このような機会が永久に失われてしまったことが、残念でならない。

生前の想い出として、先生の御霊前に本書をお届けさせていただきたいと考えている。

最後になったが、このような書物の執筆をすすめて下さった吉川弘文館編集第一部に感謝したい。

二〇〇〇年二月

桜井邦朋

著者紹介

一九三三年、埼玉県に生まれる
一九五六年、京都大学理学部卒業
現在、神奈川大学学長

主要編著書

宇宙線物理学〈編著〉　宇宙には意志がある
高エネルギー宇宙物理学〈編著〉　天体物理学の基礎　天文考古学入門


歴史文化ライブラリー
93

# 天才たちの宇宙像

二〇〇〇年（平成十二）五月一日　第一刷発行

著　者　桜《さくら》井《い》邦《くに》朋《とも》

発行者　林　英　男

発行所　株式会社 吉川弘文館
東京都文京区本郷七丁目二番八号
郵便番号一一三―〇〇三三
電話〇三―三八一三―九一五一〈代表〉
振替口座〇〇一〇〇―五―二四四

印刷＝平文社　製本＝ナショナル製本
装幀＝山崎　登

歴史文化ライブラリー

1996.10

## 刊行のことば

現今の日本および国際社会は、さまざまな面で大変動の時代を迎えておりますが、近づきつつある二十一世紀は人類史の到達点として、物質的な繁栄のみならず文化や自然・社会環境を謳歌できる平和な社会でなければなりません。しかしながら高度成長・技術革新にともなう急激な変貌は「自己本位な刹那主義」の風潮を生みだし、先人が築いてきた歴史や文化に学ぶ余裕もなく、いまだ明るい人類の将来が展望できていないようにも見えます。

このような状況を踏まえ、よりよい二十一世紀社会を築くために、人類誕生から現在に至る「人類の遺産・教訓」としてのあらゆる分野の歴史と文化を「歴史文化ライブラリー」として刊行することといたしました。

小社は、安政四年（一八五七）の創業以来、一貫して歴史学を中心とした専門出版社として書籍を刊行しつづけてまいりました。その経験を生かし、学問成果にもとづいた本叢書を刊行し社会的要請に応えて行きたいと考えております。

現代は、マスメディアが発達した高度情報化社会といわれますが、私どもはあくまでも活字を主体とした出版こそ、ものの本質を考える基礎と信じ、本叢書をとおして社会に訴えてまいりたいと思います。これから生まれでる一冊一冊が、それぞれの読者を知的冒険の旅へと誘い、希望に満ちた人類の未来を構築する糧となれば幸いです。

吉川弘文館

〈オンデマンド版〉
天才たちの宇宙像

歴史文化ライブラリー
93

2017年（平成29）10月1日　発行

著　者　桜《さくら》井《い》邦《くに》朋《とも》
発行者　吉川道郎
発行所　株式会社　吉川弘文館
〒113-0033　東京都文京区本郷7丁目2番8号
TEL　03-3813-9151〈代表〉
URL　http://www.yoshikawa-k.co.jp/

印刷・製本　大日本印刷株式会社
装　幀　清水良洋・宮崎萌美

桜井邦朋（1933～）

ISBN978-4-642-75493-4